门巴族是我国具有悠久历史文化的少数民族,生活在我国西藏东南部的门隅和墨脱地区,行政区划隶属西藏自治区错那县、林芝县和墨脱县。在长期的历史发展过程中,门巴族创造了具有浓郁民族与地域特色的文化。门巴族有自己的语言,属汉藏语系藏缅语族。

走近中国少数民族丛书
主编/丹珠昂奔

门巴族
Menbazu

陈立明 张媛 著

辽宁民族出版社

ⓒ 陈立明　张嫒　2014

图书在版编目（CIP）数据

门巴族 / 陈立明，张嫒著．—沈阳：辽宁民族出版社，2014.12（2020.5重印）

（走近中国少数民族丛书 / 丹珠昂奔主编）

ISBN 978-7-5497-0939-7

Ⅰ．①门… Ⅱ．①陈…②张… Ⅲ．①门巴族—民族历史—中国②门巴族—民族文化—中国 Ⅳ．①K286.7

中国版本图书馆CIP数据核字（2014）第310814号

走近中国少数民族丛书·门巴族
ZOUJIN ZHONGGUO SHAOSHU MINZU CONGSHU·MENBAZU

丛书策划 / 李凤山

出版发行者：	辽宁民族出版社
地　　　址：	沈阳市和平区十一纬路25号　邮编：110003
印　刷　者：	晟德（天津）印刷有限公司
幅面尺寸：	170mm×240mm
印　　张：	11
字　　数：	160千字
出版时间：	2014年12月第1版
印刷时间：	2020年5月第2次印刷
责任编辑：	李凤山　吴昕阳
封面设计：	杜　江
责任印制：	杨　雪
责任校对：	边京爱

标准书号：ISBN 978-7-5497-0939-7
定　　价：38.00元

网　　址：www.lnmzcbs.com　　　　邮购热线：024-23284335
淘宝网店：http://lnmz2013.taobao.com
如有印装质量问题，请与出版社联系调换　　联系电话：024-23284340

《走近中国少数民族丛书》编辑委员会

主　编 / **丹珠昂奔**（藏族）

副主编 / **武翠英　张学进　李凤山**（蒙古族）

编　委 /（按姓氏音序排列）

巴哈提（哈萨克族）	白庚胜（纳西族）	白兰英（蒙古族）
陈　丹（彝族）	杜　江	黄如猛（壮族）
金顺玉（朝鲜族）	李　璜	李　欣（朝鲜族）
李有明（回族）	吕　怡	莫福山（藏族）
权春哲（朝鲜族）	萨仁图娅（蒙古族）	佟　强（蒙古族）
吴昕阳（满族）	徐　凯	殷德俭
张学林（朝鲜族）	钟廷雄（壮族）	朱　虹（蒙古族）

《走近中国少数民族丛书》作者名录

《蒙古族》 萨仁图娅 (蒙古族)

《回族》 许宪隆 (回族) 张龙 (汉族)

《藏族》 丹珠昂奔 (藏族)

《维吾尔族》 艾克拜尔·吾拉木 (维吾尔族)
　　　　　　买力克·买买提 (维吾尔族)
　　　　　　伊利迪尔 (维吾尔族)

《苗族》 石莉芸 (苗族) 李云兵 (苗族)

《彝族》 陈国光 (彝族)

《壮族》 黄佩华 (壮族)

《布依族》 周国炎 (布依族)

《朝鲜族》 黄有福 (朝鲜族)

《满族》 于今 (满族)

《侗族》 杨筑慧 (侗族)

《瑶族》 玉时阶 (壮族)

《白族》 董建中 (白族)

《土家族》 罗中 (土家族) 罗午 (土家族)

《哈尼族》 朱志民 (哈尼族) 李泽然 (哈尼族)

《哈萨克族》 艾克拜尔·米吉提 (哈萨克族)
　　　　　　伊拉达·拉音别克 (哈萨克族)

《傣族》 赵瑛 (傣族)

《黎族》 罗文雄 (黎族)

《傈僳族》 鲁建彪 (傈僳族) 欧光明 (傈僳族)

《佤族》 郭锐 (佤族)

《畲族》 钟亮 (畲族)

《台湾少数民族》 林华 (台湾少数民族)

《拉祜族》 苏翠薇 (拉祜族)

《水族》 韦学纯 (水族)

《东乡族》 马兆熙 (东乡族) 马自祥 (东乡族)

《纳西族》 白庚胜 (纳西族) 孙淑玲 (汉族)
　　　　　　白羲 (纳西族)

《景颇族》 金黎燕 (景颇族)

《柯尔克孜族》 阿地里·居玛吐尔地 (柯尔克孜族)

《土族》 祁进玉 (土族) 东永学 (土族)

《达斡尔族》 毅松 (达斡尔族)

《仫佬族》 黎学锐 (仫佬族) 黎炼 (仫佬族)

《羌族》 雍继荣 (羌族) 罗吉华 (羌族)
　　　　周发成 (羌族)

《布朗族》 陶玉明 (布朗族)

《撒拉族》 马成俊 (撒拉族) 马建新 (撒拉族)

《毛南族》 韩德明 (汉族)

《仡佬族》 周小艺 (仡佬族)

《锡伯族》 阿苏 (锡伯族) 盛丰田 (锡伯族)
　　　　　何荣伟 (锡伯族)

《阿昌族》 们发延 (阿昌族) 张斯齐 (蒙古族)

《普米族》 朱凌飞 (汉族) 杨周明 (普米族)

《塔吉克族》 西仁·库尔班 (塔吉克族)
　　　　　　阿力木江·西仁 (塔吉克族)

《怒族》 李月英 (傈僳族) 张芮婕 (傈僳族)

《乌孜别克族》 古丽巴努木·克拜吐里 (维吾尔族)

《俄罗斯族》 乃珂热曼·依布拉音 (塔吉克族)

《鄂温克族》 黄任远 (汉族) 那晓波 (鄂温克族)

《德昂族》 袁丽华 (汉族) 王燕 (汉族)

《保安族》 马少青 (保安族)

《裕固族》 董潇红 (裕固族) 王政德 (藏族)

《京族》 吕俊彪 (汉族)

《塔塔尔族》 卡米力·库尔马尤夫 (塔塔尔族)

《独龙族》 李金明 (独龙族)

《鄂伦春族》 王为华 (汉族)

《赫哲族》 黄任远 (汉族)

《门巴族》 陈立明 (汉族) 张媛 (汉族)

《珞巴族》 陈立明 (汉族) 李锦萍 (汉族)

《基诺族》 朱映占 (汉族)

总序

中国是一个统一的多民族国家。几千年来，有着悠久历史和灿烂文化的少数民族，与汉族一道，在中华大地上繁衍生息，共同开发着这块土地，建设、发展、捍卫着这个古老而伟大的国家。各民族都是兄弟，相互离不开，都是这个国家的主人。习近平总书记在第二次中央新疆工作座谈会上发表重要讲话，指出："要坚定不移坚持党的民族政策、坚持民族区域自治制度。民族团结是各族人民的生命线。要高举各民族大团结的旗帜，在各民族中牢固树立国家意识、公民意识、中华民族共同体意识，最大限度团结依靠各族群众，使每个民族、每个公民都为实现中华民族伟大复兴的中国梦贡献力量，共享祖国繁荣发展的成果。各民族要相互了解、相互尊重、相互包容、相互欣赏、相互学习、相互帮助，像石榴籽那样紧紧抱在一起。""要在各族群众中牢固树立正确的祖国观、民族观，弘扬社会主义核心价值体系和社会主义核心价值观，增强各族群众对伟大祖国的认同、对中华民族的认同、对中华文化的认同、对中国特色社会主义道路的认同。"因此，坚持平等、团结、互助、和谐的社会主义民族关系，不断增进了解，深化友谊，建立牢不可破的感情基础，是中国社会转型期、改革攻坚期、矛盾多发期保持社会稳定、发展的基本要求，也是实现中华民族伟大复兴的中国梦的基本要求。

为了进一步宣传我国少数民族的历史文化和民族风情，增强对少数民族的认识，宣传党的民族政策和方针，加深对党的民族政策的理解，加强各民族之间的了解与沟通，让读者了解少数民族，中华人民共和国国家民族事务委员会文化宣传司和辽宁民族出版社共同组织了《走近中国少数民族丛书》。

《走近中国少数民族丛书》的编写有以下三个特点：第一，采用图文并茂的形式、鲜活生动的语言、特色浓郁的图片与丰富的民族常识链接，向读者展示我国55个少数民族的历史渊源、民族变迁、社会生活、文化艺术、风俗习惯、历史人物和民族区域自治政策的伟大实践。第二，作者多为本民族的专家学者和与民族研究工作相关的专家学者，对自己撰述的对象既有深厚的知识积累，也有真挚的情感。第三，内容彰显了历史与现实、民族文化与地域文化、民族区域自治地方与散杂居地区少数民族生产生活的多彩画卷和轨迹，引导读者走近少数民族，聆听他们的古老传说，感受他们的发展变化，加深彼此的沟通和了解。这套《走近中国少数民族丛书》是面向民族干部和各级干部通览我国少数民族概况的普及读本，也是图书馆的必备藏书。

《走近中国少数民族丛书》所揭示的每一个民族的历史，都承载着这个民族的文化，也承载着这个民族的发展和未来。中华大地孕育的55个少数民族多彩斑斓的民族文化，同汉族文化一道从远古走到今天，汇入了中华文化壮阔的历史长河。"共同团结奋斗，共同繁荣发展"，保护、传承和弘扬少数民族优秀文化，不仅是推动我国民族团结进步事业的重要内容，也是构建和谐社会、实现中华民族伟大复兴的中国梦的重要使命。期待通过《走近中国少数民族丛书》，使广大读者徜徉于少数民族多彩风情的同时，更加深刻地了解和认知中华民族多元一体的文化内涵，感受中华民族悠久历史的深远与厚重。

丹珠昂奔

2014年6月26日

前言

门巴族 祖国西南边陲门隅地区的开拓者和守卫者

门巴族是我国具有悠久历史文化的少数民族,生活在我国西藏东南部的门隅和墨脱地区,行政区划隶属西藏自治区错那县、林芝县和墨脱县。

"门巴"(mon-ba)一词是藏语的译音,意为"生活在门隅的人"。1964年,门巴族被国务院正式确认为单一民族。

门巴族人口总数约5万。根据2010年我国第六次人口普查统计,目前生活在我国错那县、林芝县和墨脱县等地的门巴族人口为10 561人,门巴族的绝大多数仍居住在印度非法占领下的"麦克马洪线"以南广大地区。

门巴族主要分布在西藏门隅和墨脱地区。"门隅"(mon-yul)一词是藏语译音,古代指喜马拉雅山南坡低热的多森林的谷地,现在专指西藏东南部以"达旺"为中心的门巴族聚居区。今日的门隅,东连西藏珞渝,西与不丹为邻,南同印度阿萨姆平原接壤,北接西藏错那县和隆子县,面积1万多平方公里,门隅是门巴族人民祖祖辈辈生活的地方。墨脱是门巴族另一重要聚居地,位于门隅的东北方向,古称"白马岗"。17世纪末18世纪初,一部分门巴族分别从门隅和主隅(今不丹)地区东迁墨脱,形成了门巴族东西分布的格局。

门隅地区气候温和,河湖脉布,森林茂密,物产富饶,被誉为"百隅吉莫郡",意为"隐秘乐园"。门巴族是门隅地区最早的开拓者和守卫者。门巴族的族源与民族历史,可以追溯到遥远的神话时代,《猴子变人》神话和《三兄弟河》的传说,反映了门巴族同藏族、珞巴族紧密的文化联系和对同一血缘祖先的认同心理。

门巴族曾经历了漫长的原始社会,7世纪时,门隅地区纳入吐蕃政权行政管辖,门巴族已成为吐蕃的属民。13世纪中叶,门隅被纳入西藏萨迦地方政权的治理之下，成为大元帝国统一政权下的一个行政区域。17世纪以后，西藏地方政府加强了对门隅的治理，在门隅建立各级行政机构，清查户口，颁布封文律令，强化在门隅的封建农奴制统治。1951年，西藏和平解放，门巴族人民获得了新生。

门隅地区自古以来就是我国的神圣领土，门巴族人民开拓、建设和守卫着祖国的西南边疆。近代以来，门巴族人民面对殖民主义扩张势力表现出了凛然正气和铮铮铁骨。门巴族人民为维护国家主权和领土完整，为保卫祖国西南边疆做出了重大贡献。

在长期的历史发展过程中，门巴族创造了具有浓郁民族与地域特色的文化。门巴族有自己的语言，属汉藏语系藏缅语族。无本民族文字，通用藏文。在宗教信仰上，门巴族信奉原始宗教和苯教，也信仰藏传佛教。多种宗教的混融并存，是门巴族信仰习俗的重要特征。门巴族有着丰富多彩、特色鲜明的文学艺术。民间文学有神话、传说和故事，有反映民族心理、生活习俗和愿望的"萨玛"酒歌，有反映男女爱情的情歌，还有反映生产、生活的叙事诗以及民间戏剧等。门巴族既有丰富的民间文学，还有受到广泛赞誉的作家文学，《仓央嘉措情歌》便是享誉世界的著名古典诗歌。在门巴族文化史上，仓央嘉措情歌占有极为重要的地位。

仓央嘉措的诗歌有追求理想和自由的：

> 默想的喇嘛尊容，
> 不在心中显现；
> 没想的情人容颜，
> 明朗出现心间。

有歌颂爱情的：

> 问那心上人儿，
> 可作终身伴侣？
> 答道"除非死别，
> 活着绝不分离"。

有展现民主、平等精神的：

> 喇嘛仓央嘉措，
> 别怪他风流浪荡；
> 他所寻求的东西，
> 和常人没有两样。

有追忆、怀念故乡的：

杜鹃来自门隅，
带来春的气息；
我同姑娘相会，
身心备感舒适。

我同姑娘相会，
南谷门隅密林；
除了巧嘴鹦鹉，
谁也不会知情；
请求善言鹦鹉，
别把秘密泄露。

门巴族民间艺术集中反映在"巴羌"神舞和民间戏剧上。门巴族"巴羌"的许多舞蹈是模拟鸟兽形象的，极富特色。门巴族民间戏剧俗称门巴戏，有三种表现形式：一是渊源于宗教跳神的门巴傩戏；二是在门巴族丰富的神话传说、民间歌舞和宗教跳神基础上产生的戏剧形式；三是借鉴、吸收和引入藏戏艺术养料而形成的门巴戏剧，前两种形式相互交叉，没有明晰的界限和分野。门巴戏的传统剧目有《诺桑王子》《卓娃桑姆》等。门巴族民间戏剧深深根植于门巴族丰厚的民间文化土壤中，门巴戏虽然吸收和借鉴了藏族戏剧的艺术营养，但它始终保留着浓郁的民族特色，全面反映了门巴族文化特色与审美追求。与藏戏相比，门巴戏保留着更为稚拙、朴野的风貌，特色极为鲜明。"巴羌"和门巴戏已经列入国家非物质文化遗产名录，正得到全面的抢救和保护。

1951年西藏和平解放，1959年西藏民主改革，彻底废除了统治西藏近千年的封建农奴制度，门巴族人民和西藏各族人民一道，实现了社会发展的历史性飞跃，翻身解放成为国家的主人。改革开放以来，在党和政府的关怀以及兄弟民族的帮助下，门巴族地区经济得到了长足发展、教育和卫生事业进步、交通和通信条件改善，社会面貌发生了日新月异的变化。

目录

总序	001
前言	003
第一章　历史发展	011
神话中的族源	012
史书里的追忆	013
悲壮的迁徙	015
门、珞纷争与和解	018
西藏地方政权对门隅的管理	020
门巴族人民的反侵略斗争	021
第二章　新时代的门巴族	029
翻身解放	030
社会经济	032
民族教育	034
交通通信	037
文化卫生	041
安居工程	045
第三章　经济生产	049
刀耕火种的农业	050
牧业	055

传统狩猎 056
闻名遐迩的手工业 057
集市贸易 061

第四章　风情习俗 065

彰显民族活力的服饰 066
独具特色的饮食 071
碉房式石楼与干栏式木屋 077
人生礼仪 083
丰富多彩的节庆 090
交通运输 094

第五章　宗教信仰 099

原始信仰 100
苯教信仰 103
巫与巫术 104
藏传佛教 108

第六章　文学艺术 119

语言文字 120

神话传说 ········· 121

民间故事与叙事诗 ········· 123

"萨玛"酒歌与情歌 ········· 124

舞蹈、音乐、戏剧 ········· 130

第七章　门巴民族乡 ········· 137

麻玛门巴民族乡 ········· 138

贡日门巴民族乡 ········· 140

基巴门巴民族乡 ········· 141

勒门巴民族乡 ········· 143

更章门巴民族乡 ········· 145

墨脱县 ········· 147

第八章　人物春秋 ········· 151

梅惹·洛卓嘉措 ········· 152

仓央嘉措 ········· 153

噶尔拜白玛 ········· 154

益西平措 ········· 155

格桑 ········· 156

措姆 ········· 156

红梅 ········· 157

桑杰扎巴	158
群增次仁	159
仁增措姆	159
多布杰	160
白丹措姆	161
格桑德吉	161
央吉玛	162
参考文献	164
图片提供者	166
后记	167

第一章
历史发展

　　门巴族是我国具有悠久历史和文化的少数民族之一,门巴族的先民在西藏高原的南部地区生息、繁衍,他们同其他兄弟民族一道共同开拓和守卫这片壮丽、富饶的热土,在伟大祖国的缔造和发展历程中做出了重要贡献。

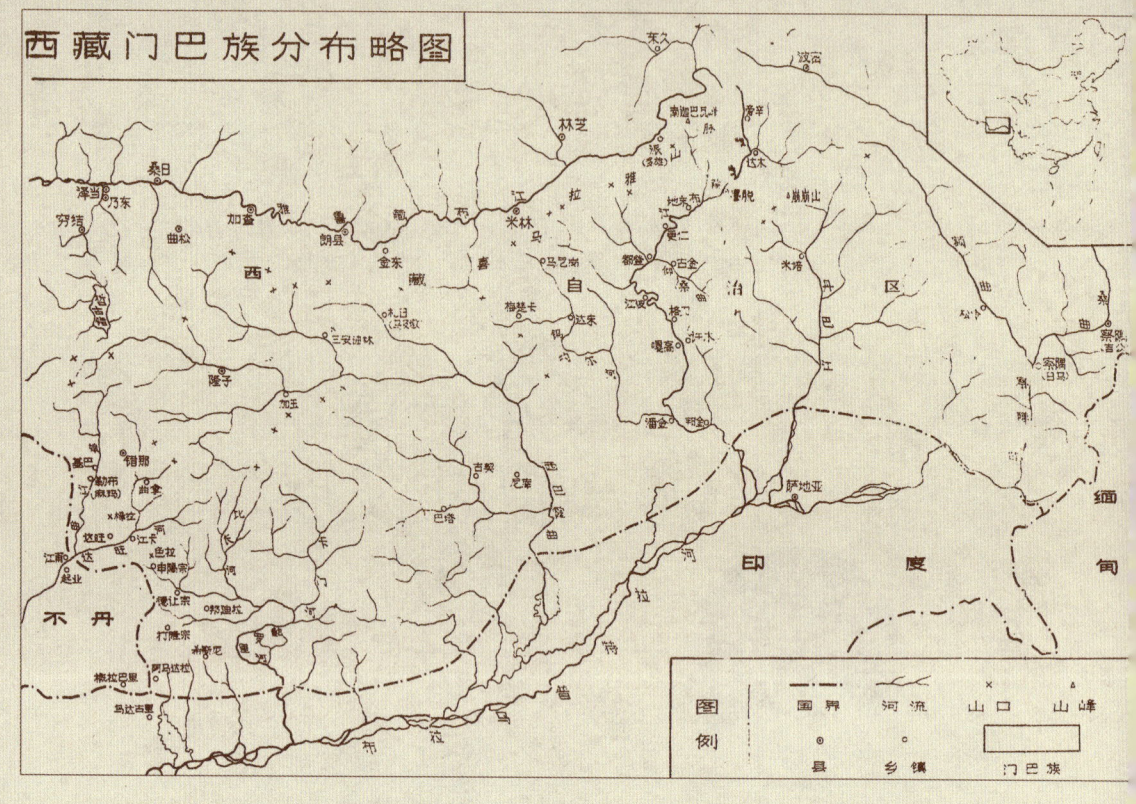

▲

西藏门巴族分布略图

门巴族是我国统一多民族国家的重要成员,具有悠久的历史和灿烂的文化。门巴族先民早在吐蕃政权统一西藏高原诸部以前,已经生活在称为"门隅"(mon—yul)的藏南群山峡谷温暖地带。9世纪初,门巴这一族称已经开始出现在藏文史料中。由于门巴族人口较少,地处边陲,高山阻隔,长期以来不被人们所普遍知晓。西藏和平解放,中国共产党的民族平等和民族团结政策,使门巴族成为祖国大家庭中平等的一员,屹立于中华民族之林。

神话中的族源

门巴族的族源与民族历史,可以追溯到遥远的神话时代。《猴子变人》是门巴族广为流传的创世神话。

相传远古时,天空没有日月星辰,地上也没有人类,整个世界一片混沌。天神看到此般情景非常难过,便派侍臣"支乌·江曲森巴"(有神通的猴子)和神女"扎深木"(岩魔女)到下界,欲建立一个人间世界。遵照天神的旨意,"支乌·江曲森巴"与

"扎深木"结为夫妻，生儿育女，繁衍了许多孩子。这些孩子浑身长毛，长着尾巴，仍像猴子的模样，但他们能用双腿直立行走。他们先是靠采集野果和捕猎野兽为生。后来天神赐给他们鸡爪谷、青稞、玉米等粮食种子，又赐给了他们火种。他们慢慢学会种庄稼，学会用火，开始变吃生食为吃熟食。后来，他们身上的毛越来越少，尾巴也越来越短，终于变成了人。

神话是远古生活现实在先民观念中的折射反映，虽然它不是真实完整的历史，但是它却印下了曾经发生过的历史痕迹。从该神话可以发现，门巴族生活的门隅及其附近地区，在远古时期就有人类活动，他们可能就是门巴族远古先民的一部分。

另一篇门巴族神话《三兄弟和扎深木》中明确地讲到，门巴族远古先民的一部分来自北方的工布地区：

远古时候，雅鲁藏布江流到了南迦巴瓦峰脚下被挡住了去路，江水泛滥，淹没了整个世界，工布地区有3兄弟乘着牛皮船漂浮在江面上。眼看牛皮船就要被浪打沉了，大哥和二哥为了保住弟弟，自己跳进了汪洋。弟弟独自到了南迦巴瓦峰脚下，同神女扎深木结了婚。从那以后，高原上的人又逐渐繁衍兴旺起来。

这篇在门巴族中流传的神话，透露出许多值得注意的信息：第一，把高原远古先民视为一个整体，有一个共同的人类再传祖先；第二，这个人类再传祖先来自北方的工布地区，说明门巴族先民与门隅北部远古先民的血缘联系；第三，弟弟与扎深木结为夫妻再传人类，这与猴子变人神话有着相通的文化观念。

探索门巴族族源，上述神话给我们以启迪：门巴族先民是由门隅地区的原始土著群体与周边地区原始人类群体逐步融合而来的。

史书里的追忆

由于门巴族没有本民族的文字，关于其历史记载大多见于藏文文献。在藏文史书《贤者喜宴》《红史》《西藏王臣记》等都有一些关于门巴族的记载。

关于门巴族"猴子变人"的族源不仅存在于口耳相传的传说

《西藏王臣记》书影

《贤者喜宴——吐蕃史译注》书影 ▶

故事中，藏族学者巴卧·祖拉陈瓦在《贤者喜宴》一书中曾追述：

众猴因食谷物而变成人，食自然之稻谷，衣树叶之衣，生活之状况恰如林中兽类，如"珞""门"那样生活的人们遍及西藏地区。

这是一段描述藏族远古社会原始人类生活的图景。其中用"珞"和"门"地方人的现实生活与藏族的原始社会生活进行类比，这也就同时展示了"门"地方的居民——主要是门巴族先民的原始社会生活。至今在门巴族、珞巴族和藏族群众中，仍流传着他们的祖先是由猴子变化而来的，反映了对同一个血缘祖先的认同心理。在达巴八错的门巴族中，今天仍有戴猴头面具跳"羌姆舞"的习俗。

在吐蕃王朝之前，人们就把门隅人称作"黑门朱"。在《西藏王臣记》中记述：

门巴曾有三族：门巴嫡系、汉藏交界处之西夏、工布等三族也。

7世纪前后，门巴族先民已经成为吐蕃王朝的属部。据《红史》记载：7世纪，松赞干布时期"吐蕃分为四如、东岱。南自珞与门，西自象雄、北至霍尔、东自咱米兴米等均予征服"。这一时期，吐蕃腹地与门隅边地之间的联系，在《贤者喜宴》一书中也有记载：

东方之咱米兴米，南方之"珞"与"门"，西方之象雄及突厥，北方之霍尔及回纥等均被收为属民。

关于门巴归属的问题，此书记述道：

（松赞干布时期）囊巴财库王、泥婆罗铜王、苏毗铁王及门地娱乐王，这些即所谓四方面王，他们收集赋税上献，因此，他们亦属于属民之中。

823年（藏历阴水兔年），唐蕃会盟后立碑记载其事，在碑文中有如下记述：

圣神赞普鹘提悉补野，自天地浑成，入主人间，为大蕃之首领。于雪山高耸之中央，大河奔流之源头，高国洁地，以天神而为人主，伟烈丰功，建万世不拔之基业焉。王曾立教法善律，恩泽广被，内政修明，熟娴谋略，外敌慑服，开疆拓土，权势增盛，永无衰颓。此威德无比雍仲之王威严煊赫，是故，南若门巴……虽均可争胜于疆场，然对圣神赞普之强盛威势及公正法令，莫不畏服附首，彼此欢忻而听命差遣也。

这段碑文反映了雅隆部落的早期发展以及松赞干布及其父辈囊日论赞时期"开疆拓土"，征服四方，莫敢不来王的历史。其中所指的门巴，正是包括今天门巴族在内的地处南方"门"地的古代先民。

根据神话传说和藏文文献记载，大致廓清了门巴族的早期发展轨迹：门巴族是门隅的土著群体与来自西藏高原北部的群体互相融合而来的，经过漫长的历史发展，大约在吐蕃王朝统一西藏诸部以前门巴族已经形成，作为一个民族，繁衍、生息在祖国的西南边陲。

门巴族是门隅地区最早的开拓者和守卫者。

悲壮的迁徙

门巴族世代祖居门隅，而在离门隅遥远的东部墨脱，也居住着一群门巴人，他们并不是祖居于此，他们是从西藏古代所属的主隅和今门隅西部迁徙而来。我们知道，墨脱是珞渝的一部分，是珞巴族人世代生活的地方。门巴人为什么要离乡背井千里迢迢

◀ 门隅与藏区的界山——波拉山

云中墨脱

东迁墨脱呢?

　　相传在17世纪中后期,门隅地区出现了一个残暴的土王,他凶暴残忍,压榨百姓,差赋徭役多如牛毛,百姓不堪其苦。传说当地的男子不停外出支"乌拉"(差役),哥哥支"乌拉"刚回来喘息未定,弟弟接过背篓又继续支"乌拉"了。在沉重的"乌拉"负担下,加上连年灾害,许多人家破人亡,流离失所,他们渴望到一个没有压迫、没有剥削的地方。传说白马岗(今墨脱县)没有"乌拉",是一个"不种青稞有糌粑,不养牦牛有酥油,不修房子有房住"的人间仙境。这给处在水深火热中的门巴族人民带来了希望,由此便开始了门巴族历史上的长途东迁。

　　东迁的历史是辛酸而悲壮的。现在门巴族中还流传着这样一首古老的歌谣:"要是就我一个人,早就到那白马岗。老老小小一家人,哪儿有逃走的希望。"农奴逃亡,是对领主的强烈反抗,一旦被抓住,将招致杀身之祸。门隅离白马岗远隔千山万水,要在喜马拉雅山区的崇山峻岭长途跋涉,等待人们的将是悬崖绝壁、激流险滩、密林深涧、猛兽毒蛇。但这一切没有吓倒门巴人,他们踏上了艰险莫测的东迁旅程。

门巴族迁徙的过程有很生动的故事。传说最早来到白马岗的有六户人家。他们携家带口,逃脱了土王的追杀堵截,翻过高山,涉过激流,穿密林、跨深涧、斗猛兽,历尽艰辛,最后翻过德阳山口,沿雅鲁藏布江逆流而上,终于到了白马岗的东波地方,即今墨脱县政府所在地墨脱村附近。

墨脱当时是珞巴族聚居的地方,门巴人的到来令珞巴人感到十分意外。当时珞巴族还处于"不耕不织,穴处巢居,冬衣兽皮,夏衣木叶"的原始社会阶段,生产方式十分落后,主要靠狩猎和采集生活。门巴人向珞巴头人说明了来意,对他们说:"我们会种庄稼,打制工具,我们愿意教你们种地的技术。"同时还送给珞巴人一些工具和食盐。珞巴人当时尚不知铁器是何物,门巴人向他们表演了"利刀砍石"的武功,令珞巴人惊叹不已。他们感到门巴人是友好、可信任的,于是消除了疑虑,同意门巴人住在东波一带。从此,这六户门巴人便定居下来,在白马岗建立了第一个门巴村寨——"门仲"(mon—grong),意思是"门巴人的村庄"。至今,墨脱门巴族还有"门堆主巴"的说法,意为"门巴六户"。

六户门巴人迁居墨脱,揭开了门巴族大迁徙的序幕。不久,一百多户门巴人在"贾班达哥"的带领下,集体逃离家乡迁往墨脱。门巴人的大量逃亡,引起了领主的极大恐慌,他们派兵追赶,"贾班达哥"率领青壮年奋力回击,杀死了追兵头目"列尔

奔涌的雅鲁藏布江

欠"，打退了追兵。不幸"贾班达哥"也身负重伤，英勇牺牲。人们扶老携幼继续前进，在翻越喜马拉雅山时，都经历了攀悬崖、战风雪、穿密林、断粮断炊的极其艰苦的历程，许多人冻死、饿死、摔死在逃亡途中，他们经过漫长的跋涉，才来到了白马岗。

门巴族的迁徙经历了一个漫长的过程，持续了三四代人的时间。最早迁入的已有十代人，最晚的距今有六代人，他们定居在白马岗地区雅鲁藏布江沿岸。在墨脱，今天还能看到与他们东迁历史有关的许多遗迹，一些村庄也沿用了原籍时的地名和村名，如德尔工、地东等。部分门巴族迁居白马岗，形成了门巴族东西分布的居住格局，给门巴族的社会发展带来了深远的影响。

门、珞纷争与和解

门巴族迁入白马岗之初，受到了善良好客的珞巴族人们的同情和友好接待。珞巴族人向门巴人提供耕地、山林和猎场。门巴人擅长耕织，他们传授给珞巴人耕种的技术，送给他们土布和打制的生产工具；珞巴人则传授给门巴人狩猎的技艺，两族人民关系十分融洽。

然而，随着时间的推移，迁入的门巴人不断增多，占据的耕地、山林、猎场也愈来愈大，直接影响了珞巴人的利益，加之门巴族的生产生活水平明显高于珞巴族，渐渐引起了珞巴人的不满。珞巴族开始限制门巴人的耕地和狩猎范围，又提出要求门巴族向他们交纳一定的财物。门巴人接受了这一要求，矛盾得到了暂时的缓和。但是文化方面的冲突却愈演愈烈。

门、珞两族的文化冲突集中表现在宗教信仰上。珞巴族信仰原始宗教，而门巴族虽然也信仰原始宗教和苯教，但受西藏封建

> **知识链接** 1780年前后，八世达赖喇嘛强白嘉措（1758—1804）时期，工布地区的藏族喇嘛干布巴来白马岗传教，受到门巴人的欢迎和支持，他要在墨脱村附近修建喇嘛庙，旨在控制白马岗的广阔地域，但为不信仰佛教的珞巴族所反对。门巴族派代表与珞巴族多次协商，达不成协议，门巴族代表又提出在仁钦崩建寺，仍然受到反对，后来向珞巴族送了许多财物才获得了寺址。

农奴制统治后，已深受藏传佛教的影响，特别受宁玛派的影响很深。

仁钦崩寺的修建加剧了门、珞两族群众的矛盾，而继佛寺的不断修建和门、藏群众的转经朝圣导致了冲突的进一步升级。

经济利益和文化冲突导致门、珞失和，而挑起门、珞两族械斗的罪魁祸首是西藏地方封建割据势力。偏于一隅的波密土王是一个势力较强的地方封建割据势力，波密与白马岗仅一山之隔，土王早就想把自己的势力扩大到白马岗地区。此时，便利用门、珞之间存在的矛盾，竭力挑拨门、珞关系，坐收渔人之利，并假借门巴人之手暗杀了珞巴族头人，引发了门、珞之间的械斗。

门巴族聚居的勒布沟

门、珞械斗导致两族群众的伤亡和财产损失，双方都表示愿意结束纷争和平相处。退守白马岗南部的珞巴族按照习惯派了一位老妇摇着树枝到门巴族住地讲和，邀请门巴族代表到他们村庄做客，门巴族代表返回时又邀请珞巴族代表到门巴住地做客，互相以礼相待。最后，械斗双方派代表在地东村达成协议，双方确定以仰桑河为界，以南为珞巴族居住区，以北为门巴族居住区。双方歃血为盟，灵石为证，发誓门、珞两族以后视同兄弟，永远友好相处。如果门巴族违约，就返回门隅祖籍，珞巴族违约则回到最初居住的山洞。从此，门、珞两族友好往来，连绵不绝。

西藏地方政权对门隅的管理

门巴族地区虽然在吐蕃时代就已纳入吐蕃政权的管辖范围，但由于门隅地处边陲僻地，这种管理相对松散。13世纪中叶，门隅和珞渝被纳入西藏萨迦地方政权的治理之下，成为元朝的一个行政区域。14—16世纪，西藏噶举派势力帕木主巴政权和藏巴汗政权统治西藏，门隅成为噶举派的领地。西藏地方政权在门隅委派官员，设驿站、税官、关卡和集市，以及传播佛教和兴建寺院，这一切，对门巴族的部落社会和村社组织产生了强烈的冲击，原始村社组织在继续维持原有性质和职能的同时，又增加了担负向西藏地方政权和领主缴纳贡物、差役和赋税的任务，门巴族人民开始逐渐沦为农奴。

17世纪中叶，藏传佛教格鲁派取得了西藏地方政权。五世达赖喇嘛为加强对门隅的治理，派他的弟子和密友、出生于门隅梅惹萨顶地方的门巴族高僧梅惹·洛卓嘉措到门隅传教和执政。梅惹·洛卓嘉措积极采取措施治理门隅，改宁玛派寺院达旺寺为格鲁派寺院，并进行了大规模扩建，使达旺寺成为门隅的第一大寺，成为格鲁派在门隅地区的政教中心。1656年，五世达赖喇嘛令西藏地方政府委派两名"拉涅"（总管），协助梅惹·洛卓嘉措管理门隅的行政事务。达旺寺建成后，五世达赖喇嘛和西藏地方政府赋予了达旺寺很多特权，如委派下级官员，征收赋税，实行"僧差制度"，会同政府官员管理门隅等。为了扩大达旺寺的影响，加强对门隅的政教统治，五世达赖喇嘛亲自委任达旺寺的官员，所派官吏在门隅清查户口，行使司法权力，还讨伐叛乱，防守边疆，实行各种形式的有效管辖。1680年，五世达赖喇嘛给梅惹·洛卓嘉措颁封了封文：

……自火猴年（1656）以来，连同此间僧人，所有僧俗不顾自身任何安危，于约二十五年间，一心积极维护宗教事业，使拉

▲
五世达赖喇嘛

钦三错、达巴五错、东面瓦莫鲁细、绒多松等娘香河流域之门区属部中余未归我治下者及珞渝人等亦入我治下……

18世纪初,西藏地方政府在原管理措施的基础上,进一步完善对门隅地区的行政管理体制。在行政区划和建制上,按照不同地域和传统习惯,参照西藏其他地方实行的行政区划制度,将门隅地区划分为32个"措"或"定"(相当于乡一级行政机构,大的"措"与区一级机构相当)的地方行政组织。

> **知识链接** 在"措"或"定"的基础上设有四个"宗",即江噶尔、森格、德让和达隆宗。"宗"的建制相当于现在的县一级政权,有的小"宗"相当于区一级政权。为了管理"措"或"定"以及"宗"的行政事务,西藏地方政府在达旺设立了"达旺细哲"(四联)的行政管理机构。

19世纪中叶,西藏地方政府强化"达旺细哲"的管理职能,先后组建"达旺住哲"(六联)、"达旺顿哲"(七联)和"达旺古哲"(九联)更高一级的常设和非常设行政管理委员会,封建农奴制统治在门隅得到了进一步强化。

西藏地方政府经过长期的管理,在门隅逐渐建立了一套完善而严密的政治统治机构,强化对门隅地区的统辖和治理。

门巴族人民的反侵略斗争

随着近代西方资本主义势力的全球扩张,殖民主义侵略的魔爪伸向了中国。他们一方面从我国沿海进攻,另一方面从西边侵犯我国。早在17世纪20年代,西方传教士即进入西藏阿里地区活动。

反抗英国殖民者的斗争

18世纪中叶,英国殖民主义者以东印度公司为大本营,打着传教和通商的幌子,从两条路线对我国进行侵略:一条从东南沿海入手,以觊觎我国长江流域的广大市场;一条从西南喜马拉雅山南麓进发,企图打开西藏市场,进而从西路进窥我四川、青海腹地。西藏东南部的门隅、珞渝和察隅,是从印度进入藏区直抵四川和青海的便捷路径,自然成为殖民主义势力侵略的目标。

嘎隆拉雪山

19世纪初叶，英国不断蚕食、侵略我国西藏边疆。1826年，英国用《杨达波条约》从缅甸夺得阿萨姆后，积极经营该地。东印度公司先取得不丹南境与孟加拉接壤的大片土地的经营权，接着又漫无止境地扩大掠夺范围。他们垂涎我国喜马拉雅山区的森林、茶园和象群，企图利用门隅南部的乌达古里到达旺、再到错那至山南通往拉萨一线的传统商道，作为其进入西藏、青海、蒙古、西康、云南等地最便捷的路线。其间没有不丹、锡金、尼泊尔等国的阻挠，即可进入雅鲁藏布江中下游，控制西藏最富庶的山南地区，因而蓄意侵略我国门隅地区。

此后，英国殖民主义势力便开始了对我国门隅、珞渝和察隅地区的蚕食和入侵。从此，门巴族和珞巴族人民开始了长达一百多年的反抗外敌渗透和入侵的斗争。

1844年，英国以每年缴付5 000卢比的租金为代价，取得了对"乌达古里"土地的"租借"权。此后，英国便以"乌达古里"为基地，不断派遣所谓"探险家"，以考察、测绘、搜集矿物和植物标本以及传教等名义进入北部地区，攫取大量地理、民族和政治情报，为吞并门隅做准备。同年，英印总督派驻印东北边境代办詹金斯少校压服6名门巴族头人，强行租借门隅的"吉惹巴惹"地方，迫使门巴族放弃对"概里巴拉"山口以南的管辖，引起门巴族群众的强烈不满，埋下了反抗斗争的火种。

19世纪50年代，英国殖民主义势力又采用挑拨和拉拢等手段，唆使"协饶札巴"（格龙土王）等人背叛祖国，逃往印度，英国殖民主义者窝藏了"协饶札巴"等叛逃者。清朝政府命令驻藏大臣和西藏地方政府派兵讨伐。门巴族人民对分裂和叛逃的卖国贼极为愤恨，当7名叛逃者返回时被愤怒的门巴群众杀死。1864年，一批门巴族群众奉达旺总管之命，秘密潜入"协饶札巴"住地将其处决。

◀ 通往门隅的波拉山口

"协饶札巴事件"以后，为抗击英帝的侵略阴谋，杜绝此类事件再次发生，维护祖国统一和疆域完整，门隅地区的僧俗头人和门巴族群众，于1853年向西藏错那宗政府递交保证书，保证不使边境主权落入英国殖民主义者手中。保证书写道：

吉惹巴惹之土地、百姓从前由外国占据后，每年按规定收缴土地租金五千卢比，今后前去取款之人，绝不得有对利害不加思考，只图取款到手，而订立或答应具有非法内容之文件，照对方之意欲摆布等致使边界主权旁落，以及招致纷扰，而使汉藏长官增添麻烦之类事情发生，而应自重其事。

这一保证书在一定程度上扼制了英国殖民主义者疯狂推行的侵略政策。1865年，"吉惹巴惹"地方的门巴族群众，不顾英国侵略者的直接威胁，向西藏地方政府保证：

现在固然是洋人时代，但我们绝不会抛弃祖宗世代的诺言，不论是对内对外的事务，决不负自己主仆的关系。任何情况下均将效忠，我老幼上下人等，全都一致，绝无一点泄气。

1872—1873年，英国企图通过划定所谓"达旺"与"英境"的边界协议，达到侵略中国门隅合法化的目的。1872年冬，英占达让区副专员郭惹亨少校，趁英方与不丹划界之机，也向当地门巴族头人提出划清"达旺"与英方的边界，当即遭到门巴族头人的坚决拒绝，表现出门巴族人民决不妥协、坚定的爱国精神。面对英国殖民主义势力不断以探险、游历和考察等名义的渗透和侵略活动，西藏地方政府给门隅僧俗官员和民众下达了不允许外国人进入的指令。1882年，德让、达隆等宗宗本向西藏地方政府呈上了保证书，表示尊奉指令，严格执行。

1888年和1904年，英国对西藏发动了两次侵略战争，西藏面临严峻形势。驻藏大臣张荫堂等有识之士开始整顿藏务，赵尔丰等大臣在川边改土归流、加强边防，取得了一定的成效。

辛亥革命后，英国殖民者趁民国新立，加紧策划"西藏独立"的图谋，召开所谓的"中英藏三方会议"（西姆拉会议）。英国代表亨利·麦克马洪以诈诱和欺骗手段诱使夏扎·边觉多吉与其进行秘密交易，单方面划定了臭名昭著的"麦克马洪线"（西自不丹东北与我国门隅联结之处，东至我国西藏、云南与缅甸接壤之处，将门隅、珞渝、下察隅近九万平方公里的我国领土划归英属印度）。

"麦克马洪线"一出笼就遭到中国政府和西藏的藏族、门巴族、珞巴族等各族人民的坚决反对，他们始终不承认所谓的"麦克马洪线"。英国派往门隅强占"麦克马洪线"以南中国领土的部落问题顾问米尔斯也不得不承认："我们对这个地区的要求，遭到西藏凡俗的边疆官员和寺院的赋税征收者的极力反对。"

知识链接 西姆拉会议后，英殖民主义者的侵略活动并没有停止，他们先是假借考察、探险等名义加紧渗透，或是通过挑拨藏、门之间的民族关系扩大势力范围，但均被识破。

1938年，英国派莱特富特上尉率领一支远征队于4月到达"达旺"，立即遭到门巴族人民的坚决抵制，迫使英国远征队撤退。

1944年，英国驻锡金行政长官古德再次去拉萨，威胁西藏地方政府把白马岗及门隅的我国领土，按照"西姆拉会议"的要求割让给英印，遭到西藏地方政府的拒绝。英国决定以武力强占，

▲ 山林中的门巴村寨

派出部落顾问米尔斯实现对非法的"麦克马洪线"以南地区的侵占。1944年初，米尔斯等人率领500英属廓尔喀雇佣兵，300驮军用物资侵入门隅，第三次占领"达旺"。英国的蛮横入侵当即遭到错那宗政府、"达旺住哲"和当地门巴族群众的强烈抵抗。英国人见势不妙，恐遭袭击，只得撤到色拉山以南的德让宗、达隆宗一带。

1945年英国人强行阻止当地群众向西藏地方政府支差纳税，改为每户向英国人交50卢比税款。1945年以后两宗官员虽收不到税，仍驻守到1948年始被印军用武力迫回。

反抗印度侵略者的斗争

1947年印度脱离英国而独立。印度政府继承了英国政府对中国西藏的侵略政策，企图把英国政府未实现的侵略计划加以实现。1947年，接管英国侵略势力控制门隅色拉山以南的印军，下令不准色拉山以北的门巴族群众向西藏地方政府支差纳税，立刻遭到该地区群众的强烈反对。

1951年2月7日，印军趁西藏临近解放之际，侵占了门隅政教中心"达旺"，并逼令"错那宗本"和"达旺拉涅"限期离开

汹涌澎湃的娘江曲

"达旺"。"达旺"僧俗群众自动集会抗议示威,要求印军退出"达旺",力争收回门隅失地。当时"错那宗本"多仲·噶丹协苏、桑杰益西、拉涅土登群培等断然拒绝离开"达旺",坚持门隅是我国西藏的领土,没有西藏政府命令绝不撤离。

西藏地方政府知悉"达旺"被印军侵占后,于当年4月派官员向印度提出抗议,指出印度政府"采取一种把不是自己所有的而当作自己所有的做法,这使我们感到十分遗憾而绝对无法接受的",并要求印度立即撤走军队。同时指令官员坚持职守,继续在门隅地区"秉公持正、合理地征收差税,行使法律权力"。错那宗政府和达旺寺管家执行西藏地方政府的指令,坚持向门巴族百姓征收赋税,直至1953年才被迫中断。

1962年中印自卫反击战前线指挥部旧址

1954年,印度不顾两国人民生活需要,封锁了门隅与"错那"的传统农牧产品交换,造成边民的生活困难。

1959年,印军越过非法的"麦克马洪线"到我实际控制区挑衅。在门巴族地区的"棒拉""马哥"和"扯冬"等地增兵袭扰，武装占领非法的"麦克马洪线"以北我国门隅的"沙则"和"兼则玛尼"。我国为顾全中印关系大局，多次提出警告，采取了比国际惯例还要宽宏的方式，未诉诸武力。而印军却把我们的容忍当作软弱可欺，一再北侵。当印军向我中印边境全线推进时，我军在忍无可忍的情况下，于1962年10月20日进行全线反击。门巴族人民在自卫反击战中英勇支前，担任向导、运输物资、救护伤病员，为抗击进犯者、保卫祖国立下了不朽的功勋。当我国军队推进到中印边境传统习惯线时，中国政府鉴于中印两国间历史悠久的传统友谊，下令停止前进，主动宣布停火，并单方面把军队撤回到"实际控制线"以北，建议中印两国通过友好协商公平合理地解决边界问题。

近代以来，门巴族人民面对殖民主义扩张势力表现出了凛然正气和铮铮铁骨。门巴族人民为维护国家主权和领土完整，为保卫祖国西南边疆做出了重大贡献。门巴族人民开疆拓土和保卫祖国西南边疆反抗侵略的斗争史，无疑是中华民族缔造祖国和反侵略斗争史的重要组成部分。

第二章
新时代的门巴族

西藏的和平解放、民主改革,使得门巴族同西藏各民族一道,实现了跨越式的社会大发展。在新社会中,门巴族获得新生,翻身做主,以主人翁的精神建设家园。

1951年西藏和平解放，1959年西藏民主改革，彻底废除了统治西藏近千年的封建农奴制度，西藏进入了社会主义革命和建设的新时代。门巴族人民和西藏各族人民一道，实现了社会发展的历史性飞跃，获得了民族新生。门巴族社会的发展变迁，集中表现在人民翻身做主、经济持续发展、教育卫生事业进步、交通和通信条件改善等方面。

翻身解放

1951年秋，五星红旗在喜马拉雅山区高高飘扬。在封建农奴制统治下度过了漫长岁月的门巴族人民终于迎来了翻身解放。

1959年7月，随着平叛和民主改革的推进，门巴族和珞巴族主要聚居地的墨脱县人民政权宣布成立。同年，错那县原"勒布

前往排龙门巴民族乡的吊桥
▼

四措"撤销，成立了勒布区，区下设"麻玛""基巴""贡日""勒"4个乡。门巴族地区各级人民政权建立起来了，而人民政权的主要领导都由门巴族担任。从此，昔日当牛做马的广大门巴族农奴在政治上翻身解放，获得了人身自由，成了国家的主人。

为了贯彻落实《中华人民共和国民族区域自治法》，西藏自治区人民政府批准在门巴族聚居的错那县勒布区，在原有的"麻玛""基巴""贡日"和"勒"4个行政乡基本构架的基础上，于1984年11月成立麻玛门巴民族乡、吉巴门巴民族乡、贡日门巴民族乡和勒门巴民族乡；1988年4月在林芝县的排龙地区成立了排龙门巴民族乡。2000年6月，由于易贡发生特大山体滑坡引发洪水灾害，林芝县排龙门巴民族乡的道路、桥梁、水利设施、土地、草场、民房等毁损极为严重，人民群众的财产遭受严重损失，加之排龙门巴民族乡地处偏僻，交通不便，当地门巴族人民的生产生活长期得不到根本改善。鉴于此，西藏自治区各级人民政府经过考察研究后慎重决策，决定将该乡整体搬迁至条件较好的"更章"地方。"更章"位于318国道旁，距林芝的政治、经济和文化中心八一镇仅32公里，排龙门巴民族乡也因此更名为更章门巴民族乡。该乡的整体搬迁充分体现了党和政府对门巴族人民的关怀。

西藏和平解放以前，门巴族人民备受西藏三大领主的奴役和歧视。西藏和平解放和民主改革，彻底砸碎了套在门巴族身上的封建农奴制枷锁，为在西藏建立新型的民族关系提供了前提。中

勒布神山

雅隆藏布江上的吊桥

墨脱安居
工程

国共产党倡导的马克思主义民族政策的贯彻,使门巴族人民充分享受了民族平等的权利。经过民族识别,门巴族被认定为一个单一民族,于1964年经国务院正式颁布确认。门巴族被认定为单一的独立民族,是门巴族发展史上的一件影响深远的重大事件,它是中国共产党民族不分大小,一律平等的马克思主义民族政策的具体体现。今天,从地方到全国的历届人民代表大会和政治协商会议中,都有门巴族的代表和委员,他们直接参加地方和国家管理,行使当家做主管理国家的权利。

门巴族民族干部队伍的发展与壮大,是门巴族新生的重要标志。西藏和平解放以来,自治区党委、政府高度重视人口较少民族干部的培养工作,先后培养出了一批热爱党、热爱社会主义,维护祖国统一,促进民族团结,能够代表人口较少民族的优秀干部。在党的培养和关怀下,一大批门巴族的干部已经成长起来。据不完全统计,西藏自治区现有门巴族干部(包括专业技术干部)250多名。

社会经济

西藏和平解放前,错那门巴族聚居的"勒布沟"被称作"饥饿的山谷",墨脱门巴族一年中的大部分时间靠采集野果、块根和兽肉度日。西藏和平解放和民主改革后,在中国共产党和人民政府的扶持下，在藏族同胞的帮助下，改变了过去"火烧一片草，木权把地撬；撒上一把种，很少再关照"的落后生产方式，新式工具引进门巴山村，科学种田逐步推广，粮食生产由最初的半自给、自给到今天的已有余粮。人们的温饱问题已经解决，正为进入富裕的小康生活而奋斗。

改革开放以后，门巴族聚居区的经济更是得到了持续快速发展。在西藏各级政府的扶持下，门巴族人民充分利用地处喜马拉雅山区多雨温湿的气候特点，在扩大农业生产，发展传统产业的同时，大力调整经济结构，发展特色产业，群众增收很快，如错那县勒布办事处便利用勒布得天独厚的地理气候条件，在20世纪60年代兴办茶场的基础上，又新开发了400余亩茶园，生产品质优良的高原茶，受到市场欢迎，产品供不应求。勒布办事处利用其资源优势，因地制宜调结构，把资源优势转化为经济优势，大量种植经济作物，还大力发展竹编、木碗等民族手工业和木材加工业，鼓励农牧民群众发展运输业和第三产业，使经济走上良性循环、可持续发展的轨道。1999年，勒布地区总收入为170 137.30元，当年人均收入为1 382元。而到2005年，勒布地区总收入已达3 724 046.9元，农牧民群众人均收入2 908元，现金收入2 838元。2012年，勒布总收入达到769.1万元，农牧民人均收入6 424元，其中现金收入4 786元。勒布门巴族聚居区呈现出经济发展，社会稳定，人民安居乐业的新气象。

茶园

木碗加工厂

墨脱地区的社会经济也得到了长足的发展。在农业方面，粮食生产连年丰收，2013年农作物总产量已达6 046万余斤。全县牲畜出栏率和商品率增加明显,牲畜存栏达1.4万余头。墨脱县2005年农牧民人均纯收入2 114.22元,其中人均现金收入1 075元。2013年,墨脱县农牧民人均纯收入为6 412元,其中现金收入为4 233元。门巴族聚居区的经济社会已步入良性健康发展的快车道。

民族教育

西藏民主改革前,门巴族地区没有学校教育和专门的教育机构,除个别僧职人员懂藏文外,普通群众几乎都是文盲。西藏和平解放和民主改革后,党和政府十分重视民族教育事业的发展,门巴族聚居地区兴建学校,选拔和保送青少年到自治区和内地学校学习深造。

宽敞明亮的教学楼

如今,门巴族地区乡有完全小学,县有中学,成人的文盲率逐年降低,有了数量不少的大学生和各类专业技术人才,民族教育发展呈现出勃勃生机。

门巴族的现代教育是从夜校的开办起步的。为了帮助门巴族群众学习文化,人民政府相继在错那县的勒布和墨脱县开办了夜校,教授藏文和汉文,取得了很好的效果。由于夜校形式灵活,投资少,见效快,很适应门巴族地处偏僻、居住分散的实际,这一早期的办学形式一直被保存了下来,并成为今天成人脱盲教育和学习文化知识的重要形式。

为了发展门巴族的现代教育,国家拨出专款,在20世纪七八十年代初先后在门巴族聚居的错那县、墨脱县和林芝县排龙乡兴建了学校,如勒布区公办小学(勒布办事处)、排龙民族乡公办小学,墨脱县墨脱乡、背崩乡、德兴乡、加拉萨乡、旁辛乡、格当乡、达木乡等公办小学。此外，还根据当地的实际和群众的需要，在一些偏远的山村以公助民办的方式办学，开办了几十所民办小学和教学点。在错那县、林芝县和米林县分别兴办了初级中学，重点或定点招收门巴族等少数民族学生。

为了更快地发展包括门巴族在内的西藏少数民族教育事业，提高少数民族文化素质，西藏自治区教育委员会于1988年投入巨资兴修了林芝民族学校，1989年9月建成招生。林芝民族学校位于尼洋河畔，占地面积2.3万平方米，建筑面积8 800平方米，教学设施齐备，还配备有先进的电化教学设备。这是一所重点招收西藏自治区境内少数民族如门巴族、珞巴族以及僜人、夏尔巴人等为主的专门学校。在该校招收的少数民族学生中，门巴族学生始终是招收的重点对象。

林芝民族学校的兴建，是加强西藏边疆民族地区教育发展的重大举措，给包括门巴族地区在内的教育发展带来了重大而深刻的影响，极大地促进了西藏边疆民族地区教育事业的发展。

> **知识链接** 林芝民族学校曾是墨脱县民族教育结构中的一个重要组成部分，后来随着墨脱教学条件的改善和教育事业的发展，林芝地区调整教育布局时在1997年8月将林芝民族学校更名为林芝地区第一中学，主要以高中教育为主，"一中"校名沿用至今。

门巴族地区教育事业的发展离不开党和各级政府的关怀和全国人民的支持。尤其是中央第四次西藏工作座谈会后，中央举全国之力支援西藏，在支援西藏经济建设的同时，教育援藏成为支援西藏的重要方面。国家在内地开办西藏中学和西藏班，对口援藏省区落实教育援藏资金，提供教学设备，援建学校，帮助受援地区发展教育事业。其中，对口援助林芝地区的是广东省和福建省，援助山南地区的是湖南省、湖北省和安徽省。安徽省专门对口支援山南地区的错那、措美等三个高寒边远县。在对口省区的大力支持下，门巴族等少数民族地区的教育事业得到了前所未有的发展。

2013年，墨脱县有学校10所，其中中学1所，小学8所和幼儿园1所。全县有教师198人，其中中学教师47人，小学教师141人，幼儿园教师10人。错那县有中学和完全小学，勒布办事处有中心学校。投资400余万元修建的更章门巴民族乡小学于2003年

更章门巴民族乡完全小学

建成招生,原排龙乡学校的整体搬迁已顺利结束。该校的教学设施完善,不仅有高大明亮的教学楼和现代化的教学设备,还有篮球场和足球场等教学设施。

在教育事业的发展上,门巴族聚居区不仅兴建了许多教学设施完备教学条件好的新学校,还对原有学校的教学设施和教学条件进行了大规模改造。各级财政对教育投入给予政策倾斜,在资金和项目安排上优先考虑教育需要。现在,门巴族聚居区的各级各类学校教学条件已大为改善,无论是校舍、设备等硬件设施还是教师、管理等软件建设都已取得显著的成绩。

知识链接 墨脱地区学校已经使用上了闭路电视教学系统等先进教学设施。错那县勒布门巴族聚居区的教育更是走在了前面。为了发展当地的教育事业,山南地区和错那县多次拨出专款维修和扩建学校,购买教学设备,改善办学条件。

新建成的勒布门巴族完全小学拥有宽敞明亮的教学楼和各类设施完善的教学用房。学校有科普实验室、电化教学室、图书室、音乐教室等。电化教学室中配有计算机和先进的远程教学设施,可收听收看各地区的电化教学节目。音乐室中配有10多台雅马哈电子琴。

在门巴族现代教育的发展过程中,适龄儿童入学率和巩固率经历了一个由低到高的发展过程。在20世纪的六七十年代,由于

勒布小学师生举行升旗仪式

学校少和办学规模小,招生数额受到了极大限制,学生入学率很低,当时在校学生不足适龄儿童的10%。而到2013年,墨脱全县适龄儿童1 025人,全县适龄儿童入学率100%,小学生巩固率100%,全县初中生巩固率达98%。错那县的门巴族适龄儿童入学率已连续多年保持100%。

门巴族教育发展的重要成果和突出标志,是一大批优秀的门巴族人才脱颖而出。据墨脱县教育局不完全统计,2010年之前的10年时间里墨脱共有大学生140人左右,2010年后已经有160多名大学生,现在每年考上大学的墨脱籍学生有近50名,其中主要是门巴族学生。

交通通信

西藏和平解放后,中国共产党和政府十分关心门巴族地区交通事业的发展,在自治区交通厅、地区交通局和当地驻军的支持帮助下,门巴族人民同藏、汉族人民一道,逢山开路,遇水架桥,修筑了公路,架设了现代化桥梁,初步改善了门巴族聚居区交通落后的状况。

门隅北部的勒布地区,是门巴族重要的聚居地之一。西藏民

墨脱羊肠小道 ▶

主改革前，勒布是藏区通往门隅腹地的重要交通要道。然而，当时勒布境内的交通，娘江曲河纵贯全境，却仅有一些简易的木桥沟通，每当洪水季节，木桥常被冲毁；从勒布山谷到错那县府，需从海拔2 000多米的谷底攀越4 000多米的波拉山才能到达，道路是陡峭艰险的羊肠小道，交通十分困难。西藏民主改革后，为了改变勒布地区的交通状况，国家投入大量的财力和物力，建桥、修路。门巴族人民以极大的热情投入了修路工程，修通了从错那县政府所在地到勒布区各乡的简易公路，全长60公里；在娘江曲上架设了水泥石孔桥2座、木桥3座。公路和桥梁的建设，深入了门巴族与外界的密切联系，又方便了娘江曲两岸人民的生产和生活，现在从勒布办事处所在地"麻玛"到错那县政府，汽车只需一个多小时就可到达。从勒布沟到山南地区行署所在地泽当镇，汽车一天就能到达。勒布门巴族的交通状况得到了初步改善。

铺设通往勒乡的公路 ▶

墨脱的交通是一个世纪难题，人们常常以"高原孤岛"和"中国唯一不通公路的县"指称墨脱。事实上，从20世纪60年代开始，国家便决定修建墨脱公路。由于墨脱地区特殊而复杂的地质、地况等原因，道路的修建时停时续，直到1994年2月1日才实现了分季、分段初通。墨脱与外界的联系仍靠徒步数日翻越喜马拉雅山口，货物运输仍主要靠人工背运。

墨脱的交通问题，始终是一个困扰墨脱地区经济社会发展的大问题，不解决这个制约墨脱地区发展的瓶颈问题，墨脱地区社会发展中的其他问题将难以得到解决。为了彻底解决墨脱地区的交通问题，国家有关部委和西藏自治区组织力量联合攻关，加强了对墨脱等地处喜马拉雅山区公路建设中特殊问题的研究，将墨脱公路的修建与整治列入了"十一五"规划。2008年10月21日，国务院召开常务会议批准了墨脱公路修建规划，计划投入9.5亿元巨资，三年内修通墨脱公路。随着嘎隆拉隧道在2010年12月贯通，墨脱公路的关键工程完成，2013年10月终于全线通车。

嘎隆拉隧道

知识链接　墨脱公路的成功修建，宣告了千百年来作为"高原孤岛"和目前"中国唯一不通公路的县"的封闭历史的结束，必将有力地促进和推动墨脱地区的经济与社会发展，对巩固和加强我国边防也将起到重要的作用。

目前，墨脱县境内达木公路、格当公路、巴日公路和背崩公路也已修成通车，汽车可以直达大部分乡镇和村寨，墨脱的交通事业取得了可喜的发展。

在门巴族聚居的其

错那通往勒布的客车

更章大桥

他地区，交通发展也极为迅速。为了发展新建的更章门巴民族乡地方的交通事业，方便尼洋河两岸人们的往来，西藏自治区投入了1 200多万元在尼洋河上修建了更章大桥。"错那"通往"勒布"道路的改造与铺设柏油路计划和可行性报告也已上报有关部门，计划投资近2亿元进行道路改造。如果道路改造和铺设柏油路工程完成，从县城到勒布仅需半小时即可到达，勒布的交通问题将彻底解决。

门巴族传统的通信方法主要是以物通信，现代通信事业在西藏和平解放后得到了飞速发展。邮政和电信，作为现代化通信最基本的手段，在门巴族聚居区发展很快。在发展邮政和电信方面，有关部门根据门巴族居住地偏僻、交通不便的实际情况，优先发展电信业务，特别是墨脱县，更是以发展电信通信为主。这样，即使大雪封山交通阻断，无线电波也能把门巴族人民同祖国各族人民紧

门巴山村
公用电话
设施

密地联系在一起。

门巴族地区的广播、电视、移动通信和网络等现代通信与传媒技术近年来发展很快。在勒布门巴族聚居区人们可以方便地使用程控电话、手机和网络。收音机、录音机、电视机、影碟机已不再是稀罕之物，早已进入寻常百姓家庭。就是在墨脱县，除个别偏僻村寨不能收看电视和使用网络外，其他地区都可以收听、收看调频广播节目

墨脱县电视台门巴族女主播

电视和电话已进入门巴族家庭

和有线电视节目，可以方便地使用手机和网络等现代通信方式。

在邮政建设方面，大部分地区早已通邮，墨脱则由于条件的限制一直是邮电分营。2008年国庆节前夕，墨脱县邮政局正式开业，可以开展电子汇兑、函件、包裹、报刊订阅等邮政业务。2011年9月16日，中国邮政储蓄银行墨脱县营业所正式挂牌成立并对外营业，结束了墨脱县没有邮政储蓄业务的历史。

如今门巴族人民永远告别了封闭的时代，每天能从广播、电视、网络中获取大量的外界信息，能方便地使用现代通信手段同外界保持联系。

文化卫生

在门巴族经济社会发展的同时，门巴族的文化卫生事业也发展迅速。

门巴族文化事业的发展，一方面表现为对门巴族优秀传统文化的保护与继承；另一方面，社会发展的历史性飞跃，也带来了

社会主义新文化的诞生和发展。

西藏民主改革后，国家十分重视对优秀民族传统文化的继承与保护。为了保护和继承门巴族的传统优秀文化，我国学者深入调查研究，出版了多部介绍和研究门巴族历史文化的著作，其中有《门巴族社会历史调查》《西藏门巴族》《门巴族简史》《门巴族封建农奴社会》《门巴族文化大观》《门巴族文学》《门巴族民间故事》《仓央嘉措情歌》《门巴族风俗志》《中国门巴族》等。

门巴戏是门巴族优秀的民族文化遗产。作为民族戏剧的活化石，门巴戏对研究门巴族的传统文化，对研究我国民族戏剧的发展有着重要的价值。然而，由于种种原因，知晓门巴戏的人不多，能够表演门巴戏的人就更少。随着门巴戏老艺人的年事已高和知名老艺人的辞世，门巴戏面临失传的威胁。为了保护这一珍贵的民族文化遗产，山南文化局和西藏自治区文化厅多次派出专家到门巴族地区进行抢救。他们拜访门巴戏老艺人，记录门巴戏戏剧脚本，搜集门巴戏道具和戏服，请民间艺人表演进行录音、录像和拍照。为了使更多的人了解门巴戏，在当地政府和文化部门的支持下，1996年，门巴戏参加了西藏自治区戏剧会演，门巴戏以其浓郁的民族风格、粗犷古拙的表演形式受到了热烈欢迎，门巴戏被人们誉为"天外飞来的门巴戏"，这一较少为人所知的民族文化之花终于被世人所认识。传统门巴戏演出时间很长，一出戏要演出6~8天。为了使这一艺术形式适应当今人们的生活节奏和审美取向，文化工作者和

《门巴族封建农奴社会》书影

门巴戏国家级非物质文化遗产传承人格桑丹增（上）

墨脱门珞历史文化遗产博物馆

门巴族艺人一道将门巴戏进行了探索性改革，精简了戏剧内容，缩短了演出时间，使门巴戏这一古老的民族文艺之花越开越艳。今天，山南门巴戏已被列入我国首批非物质文化遗产名录，门巴戏得到了全面的保护和发展。

为了保护和发展门巴族的优秀传统文化，也为了丰富门巴族群众的文化生活，2005年，由西藏自治区民族宗教事务委员会等单位投资63.8万元修建的勒布门巴族民俗文化园建成，错那县政府还拨出专款购置门巴族传统服饰和生产生活用具用于展览和保存，民俗文化园已成为展示门巴族文化和当地群众休闲娱乐的重要场所。

在教育和文化事业取得巨大成绩的同时，门巴族的医疗卫生事业也有了很大进步。主要表现在以下几个方面。

第一，医院的兴建与医疗卫生条件的改善。西藏和平解放前，门巴族地区没有一所医院，没有医生，人们生病时，只能根据经验进行简单的治疗，或者求神问卜，祈求神灵祛病消灾。西藏和平解放后，在自治区有关部门和山南、林芝地委和行署的直接领导下，调配骨干医生和其他医务人员赴错那和墨脱门巴族聚居地筹建了错那和墨脱县人民医院，克服重重困难，将大批医疗器材和药品运进错那和墨脱。在错那县勒布乡、麻玛乡、林芝县排龙乡和墨脱县的7个乡还分别建立了乡卫生室或卫生院。今天，墨脱有县级医疗机构一家，乡级卫生院（室）7个，村医疗点58个。勒布地区的4个乡在2005年都建立了卫生院，配备了医

错那县人民医院门诊楼

务人员和医疗设备，更章门巴民族乡的卫生院也已落成。门巴族聚居区乡有卫生室或卫生院，村有医疗点，当地驻军医院也免费为门巴族群众防病治病，初步改变了门巴族缺医少药的状况。

现在，西藏自治区正推行新型农村合作医疗制度，门巴族群众踊跃参加，门巴族群众看病难问题进一步缓解，医疗卫生条件得到了明显改善。

第二，民族医务人员的成长。为了适应门巴族医疗卫生事业的快速发展，必须培养一批门巴族自己的医疗卫生工作者。对此，各级人民政府十分重视，通过多种途径和渠道培养人才，先后选拔了数十名优秀青年，保送到地区人民医院和解放军医院举办的医训班学习，还将部分人送往地区卫生学校、自治区卫生学校、西藏民族学院医学系和内地医学院校学习深造，培养出一批学有专长

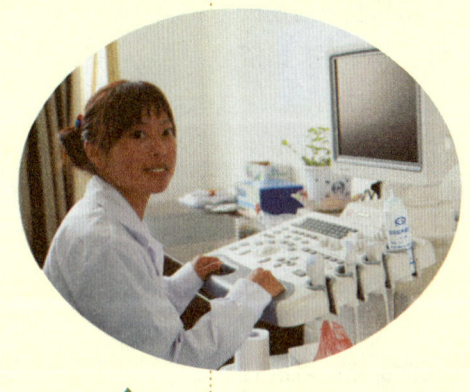

门巴族医生

的门巴族医务工作者。特别值得一提的是在门巴族的医务人员中绝大多数是女性，如墨脱县卫生服务中心的50多名职工中，门巴族医务工作者有24名，其中女性20名。昔日社会地位十分低下的门巴族妇女，现在成为受人尊重的白衣天使。

今天，在门巴族地区的乡医院、县医院、地区医院乃至自治区人民医院，都能见到门巴族白衣天使的身影。

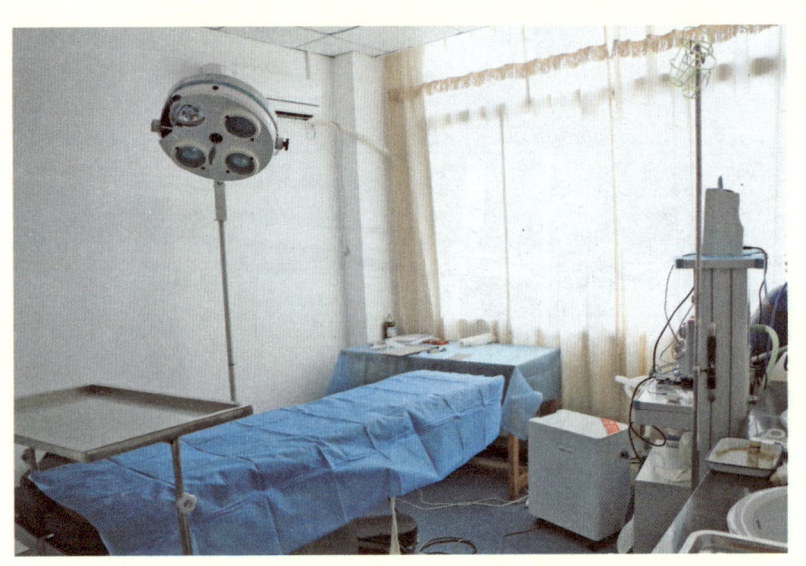

◀ 诊疗室

第三，群众健康水平显著提高。新中国成立以来，党和政府始终关心着门巴族人民的健康状况，一直对门巴族实行免费医疗的保健制度，使门巴族群众的健康水平有了显著提高。经过长期的努力，门巴族聚居区已彻底消灭了严重危害人们健康的恶性传染病，疟疾和地方病得到了有效的防治。妇幼保健事业发展迅速，彻底改变了妇女儿童体弱多病、婴幼儿死亡率高的状况。

随着人们生活水平的提高和医疗卫生事业的发展，门巴族人民的健康水平日益提高。

安居工程

在安居工程和新农村建设中，门巴族的住房条件得到了根本改善。在错那县委、县政府的统筹组织下，勒布地区在2005年启动了打造"山南边境第一乡"的新农村建设工程，将门巴族群众的民

◀ 规划整齐的门巴族村寨

兴边富民行动——门巴民俗文化村

房改造、整修和基础设施建设作为重点。项目总计投入资金1 100多万元，对勒布四乡192户门巴群众的住房进行了新建和改造，其中新建了158户住房，整修改造了34户住房，新建房屋总面积28 346.25平方米，人均住房面积达40平方米以上。新盖房屋多为两层楼房，高大美观，室内宽敞明亮。这些新建房屋，既有现代化的室内设施，如各种电器及许多现代家具和物品，又保持着门巴族民居传统的风格。

2011年，墨脱县将德兴乡德兴村作为重点建设的小康示范村，由福建漳州援墨工作队投资建设。"闽六援"漳州援墨工作队结合墨脱实际，立足新农村建设同改善农牧民生产生活条件相结合，立足发展旅游业同培植新的经济增长点相结合，立足改善民生同增强发展后劲相结合，全力推进该小康示范村工程建设。德兴乡德兴村小康示范村工程援藏总投资642.41万元，项目建设内容包括道路硬化工程、广场、公园、民俗演

安居工程的实施，彻底解决了门巴族群众的居住问题

艺大厅和门巴民俗文化展览厅，还为该村每户新建浴室、卫生间以及村庄的消防水池和排水排污工程。德兴小康示范村的建成，极大提升了该村的村容村貌，改善了门巴族村民的生活质量。

在中国共产党的领导和各级人民政府的关怀帮助下，门巴族社会发生了翻天覆地的变化。国家西部大开发和兴边富民行动战略的实施和深入推进，为门巴族经济社会的快速健康发展提供了难得的机遇，勤劳智慧的门巴族人民正用自己的双手创造更加美好的未来。

◀ 文朗村

第三章
经济生产

　　西藏民主改革,使门巴族在经济上废除了封建领主剥削等一系列不平等制度,从此有了属于自己的土地和牧畜。
　　门巴族社会经济的发展得益于国家政策的决策和兄弟民族的帮助,现代化农业的发展,科学技术的引进,改变了门巴族的生存状况,加快了门巴族社会的发展。

在门巴族的经济生产活动中，农业是主要的经济生产部门。由于门隅和墨脱两地自然条件和社会发展的某些差异，门巴族在生产活动方式上，既有较为精细的锄耕和犁耕（木犁），又有为数不少的刀耕火种，采集和狩猎在部分地区还是重要的经济生产活动。家畜家禽饲养已十分普遍，畜牧业有了一定的发展，但还未与农业分离。手工业门类多，发展较快，有个别手工业行业已逐渐从农业中分离出来，成为相对独立的生产门类。

刀耕火种的农业

在门巴族的经济生产活动中，农业是主要的经济生产部门。门巴族从事农业生产具有十分悠久的历史。在门巴族古老的神话《猴子变人》中，便有对门巴族远古先民从事原始农业的生动反映。但经过长期的历史发展，至西藏和平解放前，门巴族的农业生产力水平仍十分低下，农业生产工具仍是以木质工具为主。门隅一些地区还处于原始的刀耕火种阶段，墨脱门巴族更是以刀耕火种农业为主。

背崩稻田

> **知识链接** 西藏和平解放后，随着新技术和新农具的传入，门巴族的农业获得了前所未有的发展，门巴族人民用勤劳的双手，把自己的家乡建设成了稻黍千重、瓜果飘香的鱼米之乡。

土地类型

根据门巴族土地经营的精细或粗放的不同情况，土地可分为园圃地、常耕地和刀耕火种地三类。园圃地多在村庄周围和房前屋后，地势平坦，面积较小，便于管理，耕作精细，主要种植蔬菜瓜果之类。常耕地多在河谷两岸狭长的平地上，这些平地是河流冲击而成，土地肥沃，这类常耕地多是水田。还有一类常耕地多在避风、日照时间长的山腰地带，土壤属黑色沙质土，均为旱地。刀耕火种地以坡地为多。门隅的农业比较发达，以较为精细的锄耕和犁耕为主，个别地方进行刀耕火种；墨脱地区以刀耕火种为主，占耕地面积的70%以上，主要种植玉米。每年冬季，门巴族居民要毁林烧荒。届时先把树木砍倒，在春播前选晴天，择顺风方向的地头边点火。蔓延的火势把树木化为灰烬，即是底肥。然后用尖木棒戳土点种，种植玉米等作物。刀耕火种地的农作物每年除一次草，肥力枯竭后即丢荒。很早以前是过8—10年再砍烧，随着人口的增长，丢荒的时间也逐步缩短，间播3—5年砍一次刀耕火种地的越来越多。刀耕火种地省工，头二年灰肥足，施肥不足的常耕地反而不及它产量高，因此人们不愿放弃这种耕作方式，致使墨脱县门巴族的刀耕火种地至今在总耕地面积中仍占有很大的比例。

门巴族主要种植作物——玉米

农作物

门巴族地区良好的气候环境为农作物的生长提供了优越的条件。农作物品种繁多，从耐寒作物到亚热带作物均可种植。门隅

◀ 稻田

▲ 南瓜　　▲ 黄瓜　　▲ 鸡爪谷

腹心及南部地区的农作物主要有水稻、小麦、高粱、小米、玉米、青稞、大豆等。当地群众有"谷里拉萨作物十三种，谷中门隅作物十三种，谷外汉域作物十三种"的说法。门隅北部的勒布、邦金一带以生产荞麦和小麦为主。蔬菜和瓜果种类很多，几乎所有平原地区的果蔬在门隅都能生长。其中辣椒的种植不仅可供自己食用，还是同藏族交换的重要农产品。墨脱地区种植玉米、鸡爪谷、水稻和青稞等粮食作物，茶叶、棉花、烟草等经济作物也有种植。蔬菜瓜果种类也很多，冬瓜可以长到30多斤重，大黄瓜可重达10余斤，蜜桃、甘蔗、橘子、柠檬等水果的种植十分普遍。

农具

20世纪50年代前，门巴族的生产工具落后，直到20世纪50年代末西藏民主改革时，还处于铁木器并用，以木制农具为主的状态。门巴族常见的农业生产工具有：

踏犁　勒布门巴语称为"苏"。"苏"用青冈木制作而成，犁口稍尖，背部圆凸，正面平滑，长约1.6米，犁头上部有一横木，用于脚踏翻土，一掘一退，类似锹翻地，这是门巴族独具特色的古老的掘土工具。墨脱门巴族称踏犁为"比德斯通巴"，其形制与门隅的接近。

◀ 铁犁

木犁 门巴语称为"雪"。门隅木犁是用青冈木制成，像"人"字叉，犁身小，用人力或畜力牵引。墨脱宗的木犁笨重，犁身长350厘米。铧长约27厘米，宽15厘米，用木质坚硬的乌木制成。犁地时二牛抬杠，一人驾犁，一人牵牛，可耕深度约20厘米，一天可耕地一亩左右。

◀ 铁质工具

木耙 门巴语称为"削拉"。这是一种积肥工具，用木杈加工而成，形状像弯曲的鸡爪，有3指或4指，用于扒树丛中的烂树叶。

此外，还有木杈、木槌和木连枷是打场、脱粒的工具，还有用硬竹片弯曲成弧形的工具竹刮，用于旱地松土和除草。

铁质农具主要是砍刀，它既是门巴族的生产、生活用具，也是防身的武器，所以成年男子都随身携带。在部分门巴族中，还有用叶形小刀、镰刀、铁锄、斧头的。他们的铁制农具多数是与北部藏族交换来的，也有来自其他相邻地区的。铁刀在西藏民主改革前已普遍使用，几乎每村都有不脱离农业生产的铁匠，他们主要是修理铁制农具，有原料时，门巴族铁匠也能打制小刀等铁质工具。

劳动分工

在劳动生产中门巴族男女有自然的分工。刀耕火种地的砍伐、耕

刀、刀鞘

第三章 经济生产 053

石磨

种时的驾犁、播种时的戳土等重活都由男子承担,而撒种、插秧、除草等农活由妇女负责,庄稼收获时男女都要参加抢收。在生产时,儿童和老人也要参加力所能及的劳动,如看家、做饭、背水、经营菜地等。

集体轮作制与伙有共耕制

在门巴族的农业生产活动中,一个值得注意的现象是集体轮作制和伙有共耕制的普遍存在,其中又以墨脱为最突出。所谓集体轮作制,是指本属私人占有的耕地,却采用集体轮作的方式耕种,多在刀耕火种地上实行。互相借地不是几户人家之间的私人协商,而是全村各户必须遵守的原则和应尽的义务。这种私人占有土地而集体轮种的耕作制度,是门巴族原始公社时期定期分配耕地的残余形式。

水磨

伙耕制在墨脱门巴族中也大量存在。种植玉米时,由三五户人家自愿组合,伙有共耕,一道砍伐山林,种子均摊,收获物均分。除伙耕外,门巴族在农事生产中互相换工十分普遍,互相合作的风气很浓。直到今天,农村实行联产承包和包产到户,但伙耕、换工和互相合作的习惯仍未改变。

亚马荣牧场

牧业

门巴族的畜牧饲养业产生较早,在门巴族民间故事《聪明的猎人》中已有对门巴族畜牧业起源的形象反映。记述门巴族牧业始祖发明牧业的长篇叙事诗《太波嘎列》,通过太波嘎列牵牛、牧牛、搭帐篷、修炉灶、拴狗、挤奶、打酥油、迁牧场的歌唱,全面而又生动地反映了门巴族牧业生产的劳动过程,反映了门巴族牧业生产的悠久历史。

美丽的亚马荣牧场

门隅北部的娘江曲两岸,峰峦起伏,群山连绵。在山腰以上及大山坳间,有许多水草丰茂、草质肥美的平坡地带是天然的牧场,为门巴族从事牧业生产提供了优越的条件。每年从藏历五月开始至九月的夏秋季节,高山牧场上积雪消融,风和日暖,牧草生长旺盛,是放牧的最佳时节。这时,各村寨派选出来的放牧者将牛群赶至山上,到属于本村的牧场去放牧。牧畜白天在草场自由放牧,傍晚合群后拴到牧人的帐篷外。奶牛、孕牛

村民饲养的猪

和快断奶的小牛受到牧民的精心照料，每天要给它们喂麦麸、粗糌粑等精饲料和食盐。每年的七八月是奶牛产奶的旺盛季节，一头黄乳牛一天能产奶3~6斤，一头好牦乳牛一天可产奶6~8斤，一头好犏乳牛一天可产奶十一二斤。这一时期是牧民最繁忙的时间，一天到晚忙于挤奶和提取酥油、制作奶渣等活计，但同时也是最欢乐的时光。

畜牧产品主要有酥油、奶渣等乳类制品和牛肉、牛毛、牛皮等。这些既是门巴族人民的生活必需品，又是他们用以交换的重要物资。

墨脱地区门巴族多饲养鸡、猪等家畜家禽，大牲畜的饲养较少，且以饲养黄牛为主，用于耕地和肉食。由于家畜和家禽的数量不多，墨脱门巴族肉食的主要来源依赖于狩猎和同珞巴族的交换。

传统狩猎

狩猎是门巴族人传统的生产活动。在墨脱地区，门巴族的狩猎收入仅次于农业生产的收入。墨脱有着浩瀚的原始森林，栖息

> **知识链接**
>
> 春季是捕猎山鼠的季节，因为山鼠每到6月份以后，身上就会长一种名叫"康巴当"的虫子，生了虫的鼠就不能吃了。
>
> 夏季里产麝香的雄性香獐腺囊的分泌物最多，因而猎獐活动均在夏季进行。
>
> 秋季是庄稼成熟的季节，猴子、狗熊、野猪等常窜入地中偷吃粮食，这时捕捉猴子、狗熊等较为容易。而且8—10月是狗熊和野猪最肥的时候，是这一时期捕捉的重点。
>
> 冬季是野猪、野牛的产崽时节，也是秋收后的农闲季节，冬天便成为门巴族狩猎的旺季。从总的情况来看，门巴族的狩猎活动多在夏、冬两季，夏季以捕猎香獐为主，冬季以捕猎野猪、野牛为主。

着种类繁多的飞禽走兽，为门巴族的狩猎活动提供了丰富的资源。门巴族男子都是行猎的好手，无论是在田间地头还是外出劳作，许多人总是携弓带箭，遇有野兽，随时猎取。在长期的狩猎生产实践中，他们掌握了各种动物的习性和活动规律，对不同动物的捕猎有相对固定的时间和季节。

门巴族的狩猎工具以弓箭和地弩为主，也有少量从藏区购置的火药枪。弓箭一般都使用本族铁匠打制的铁箭镞，箭镞上涂有剧毒植物磨制物。门巴族的毒箭和毒弩杀伤力很强，不论多么凶猛的野兽，只要被毒箭射伤必然毙命。除使用这几种工具射猎外，还常采用挖设陷阱、埋尖竹桩、安套索等方法捕捉野兽。

随着藏传佛教的传入和封建农奴制在门隅的强化，西藏三大领主对门巴族的传统狩猎方式进行了种种限制，在门隅北部，更是以不准杀生为由严禁门巴族狩猎。到西藏民主改革前，狩猎在生产中已降到次要地位。如今墨脱已建立国家级自然保护区，传统的狩猎活动受到了较大的限制，野牛、羚羊、香獐等动物已禁猎。

闻名遐迩的手工业

门巴族生活的门隅地区，气候温和，雨量充沛，森林葱郁，竹林茂密。丰富的森林资源为门巴族人民从事各种竹木器的加工生产提供了得天独厚的条件。门巴人个个心灵手巧，就地取材，制作各种生产生活用品，练就了制作木器、竹器、藤器、石器，纺织和造纸等绝技。门巴族人民擅长竹木器皿的制作，他们生产的各类竹编、藤编、木器制品除了自销，或交换，在藏区享有盛名，每年销往藏区的竹木制品有万余件之多，供不应求，深受西藏各族人民的喜爱。

门巴木碗

在门巴人销往藏区的大量以竹木器为主的手工业制品中，影响最大、最深的人们珍爱的是闻名遐迩的木碗。门巴木碗是用硬木的树根或树瘤加工制成，木质坚硬细密，花纹美观别致，用它盛酥油茶带有一股特有的香味。加之门巴木碗不破裂、不变形、

门巴木碗

门巴木碗

不褪色，经久耐用，便于携带，因而深受藏区各族人民的喜爱。

木碗制作难度大，工序复杂。一个普通木碗的制作工序要经过选料、制坯、定型、上色打磨、涂油五道工序。制作木碗选料十分考究，要选用木质坚硬的树种，主要有"冲巴"（米柳）、"梭木辛"（青冈）、"咩隆"（杜鹃）、"格辛"（桦）等树木的根或瘤，尤以白青冈树和桦树的树根、树瘤为最好，其木质细密，花纹别致，据说用它制作的器物遇上毒物即爆裂、变色，有防毒餐具之美誉。其次是制作毛坯。将挖来的树根砍成球形晒半干，然后用高温煮，晾干，用刀砍削成器形毛坯备用。第三步器具定型，利用脚踏板转动"木钻杆"，车刀挖切器具内腔，削刨外壁。这一道工序至关重要，决定了木碗的造型、质量和大小。第四步是上色和打磨。器具定型之后，开始上色，颜料是门隅和不丹等地生产的一种红色染料。上色之后，用微火烤干，打磨光亮，其色泽鲜艳，经久不褪。最后一道工序涂油，取自一种"普吉"草的草籽，这种油涂抹后，油光

制作门巴木碗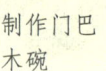

锃亮，光洁照人。经过这几道工序后，一个普通的门巴木碗便制作而成。一些上等质料的木碗，还要做进一步的加工，如雕镂纹饰、镶嵌银边等，其做工更为考究精细。

门巴木碗因质料和做工的精细不同依次分为"杂木雅""果拉""索果尔"三等。上等"杂木雅"木碗，木质优良，制作精细。过去这样一个木碗不镶银边便值一百多两藏银，且不易求购，十分稀少珍贵。中等"果拉"木碗，一个值40~80两藏银。下等"索果尔"为普通木碗，一个仅值数两藏银，然而与其他普通碗价钱相比较，价格仍相当可观。

竹编

竹编，是门巴族手工业的又一重要门类。门巴族有高超的编织技术，能编织出种类繁多的竹篾制品，从日常生活用具到生产工具几乎应有尽有，常见的编织品有竹筐、竹篓、竹盒、竹筛、竹碗、竹勺、竹席、竹瓢等。门巴族的竹编产品也颇受外界欢迎，其中尤以"邦琼"最为有名。这是一种用来盛东西的扁圆形的篾盒，是墨脱门巴族的传统手工艺品。"邦琼"的编制复杂而精细，需用数百根分别染有红、黄、蓝、黑等颜色的薄薄细篾编制，组成一组绚丽的几何图案。"邦琼"编工精巧，图案色泽美观，既是实用的盛放食物或小物件的盒子，又是精美的艺术品，

▲
"邦琼"

▲
竹篓

◀ 传统手工艺——竹编

深受人们喜爱。

墨脱门巴族除擅长竹编外，还擅长藤编。闻名遐迩的墨脱藤网桥，便是他们精湛的藤编艺术的杰作。人们在日常生活中广泛使用藤编器物，常见的有："当觉"，一种藤编小包，可供外出狩猎、钓鱼时装饭使用。"巴珠巴戎"，一种小巧漂亮的藤包，有各种图案，编织精巧，供出远门时装贵重物品。"巴戎"，大藤筐，高约1米，是人们平时收获粮食、背运东西不可缺少的工具。

除此之外，还有纺织、造纸、石锅制作等手工业也在门巴族的经济生活中占有一定的地位。

▲ 传统手工艺——竹编

▲ 背带 ▶

集市贸易

生活在门隅的门巴族与藏族，在政治、经济和文化上有着密切的联系。门隅气候温和，物产富饶，加之独特的地理环境（南邻印度，北接藏区，西靠不丹，东连珞渝），虽有大山相隔，但一年四季均有数条道路与外界相通。因此，门隅自古就是藏区通往印度与不丹等地的重要商道，门巴族与藏族有着悠久的经济交往和频繁的商贸活动。

◀ 集市交易

在门隅，经过长期的历史发展，已经形成了几个规模较大的集市，如"古登集市""安巴达拉集市"等，而规模最大、影响最广的则是藏区与门隅交界处的"亚马荣集市"。

"亚马荣"位于原错那宗宗政府附近，那里是一个广阔的高山牧场，地势平坦，牧草茂盛。从"亚马荣"往下不远处便是藏区与门隅交汇的波拉山，越过山口即到上门隅的勒布沟，往南行越过棒山口可抵达"达旺"，往西可直达不丹。它是连接藏区、门隅和不丹的交汇点。得天独厚的地理环境，使这里成为各族人民进行商贸活动的重要场所，也是远近闻名的商品集散地。

"亚马荣市场"一年有三个固定的集市日期：藏历五月十

第三章 经济生产

亚马荣集市

五、七月十五和十一月十五,一般为5~8天。届时来自西藏腹地、康区、藏北的藏族,来自门隅的门巴族,来自不丹的商人,甚至有来自大吉岭、噶伦堡的印度商人,每次有万余人汇聚在"亚马荣",举行物资交流大会。西藏地方政府有专门的官员进行集市的管理,在"亚马荣"设有"哲康"的常设机构,进行大米贸易,并负责征税。征税以征收实物税为主,税率是参加交换物品的十分之一。

门巴族参与交换的物品主要是一些当地出产的土特产品,主要有大米、大豆、辣椒、木碗、木桶、竹筐、藤篾器皿、藏纸、各种药材、染草等。仅门隅每年运销"亚马荣市场"的大米就达7万余斤,大豆3万余斤,天然染料6 000驮。

集市上的交易有两种方式:一是用藏币购买;一是以物易物。藏商或其他商人同门巴族的大宗物资交易主要是以物易物,小量交易使用藏币,而一般群众之间的交换则都是以物易物。

集市上交易十分活跃,购销两旺。门巴族参加集市贸易,主

▸ 亚马荣集市

要是为了换回生活必需品,如换回糌粑、食盐、肉类、氆氇、羊毛、衣服及其他各种铁制工具。他们输出的物品则有20多种。

门巴族与珞巴、藏族这种长期以来互通有无的交换,形成了门、珞、藏各族人民之间相互依赖的经济关系和密切往来的友好联系。

亚马荣市场,今天仍焕发出勃勃生机。它独特的地理环境和优越的自然条件,使它成为门、珞、藏、汉人民之间进行经济交往和同印度、不丹等国人民进行边境贸易的重要集市。

第四章
风情习俗

特殊的地理环境，孕育了门巴族特有的民族风情，绚丽的民族服饰、别样的民族饮食和独有的建筑风格无不展现着灿烂的习俗文化。

由于社会、地理环境以及宗教等原因，每个民族都有着与其他民族不同的习俗礼仪，因而民俗风情往往成为一个民族的徽记和标志，也是最能体现民族心理和民族审美情趣的文化现象。门巴族有着斑斓多姿的习俗文化，无论衣食住行、婚丧嫁娶还是节日礼俗，无不表现出门巴族特有的风采。

彰显民族活力的服饰

门巴族的服饰具有鲜明的民族特色，其风格以色彩鲜艳、线条飘逸、形制优美为特征，显现出民族的活力和对大自然的审美情趣，是门巴族人民精神风采的形象表现。

门巴族男性服饰

门巴族男子的服装有外套、内衣和长裤等。由于气候条件的差异，各地门巴族男子的服装略有不同。

男性服饰 ▶

门隅门巴族男子的外衣有两类：一类是称为"白"的长外套，用羊毛纺织的氇氇做料，衣长达膝，斜襟右衽，立领长袖，无扣和衣袋，镶蓝色绳边；另一类是短外套，叫"唉林普冬"，仍以羊毛织的氇氇做料，斜襟右衽，衣角开口，有袖、领和扣，无衣袋，多用银灰色布镶边。长外套以红色为主，短外套以黑色为主。穿衣时，系红氇氇腰带。

男子内衣称作"旺居"，一般用白土绸做料，斜襟右衽，无领。门隅男子穿的宽大长裤，达旺话称为"唉林多玛"，用白色或红色氇氇做成。裆前有一个3寸多长的活口，类似"开裆裤"；腰、裆均宽大，穿时折围于脐前，将活口搭盖以带束紧。

墨脱地区成年男子的外衣有两种，一种叫"蒙安康蒙"，为棉线织的土布衣服，衣长及小腿肚，斜襟右衽，无领，长袖，用"朗曲巴"腰带束腰。另一种"蒙折曲巴"，用红、黄、黑、白、绿5色相间织成的条纹布缝制，亦为斜襟右衽，无领，有长袖，多在婚宴喜庆和节日活动时穿。墨脱男子的内衣为立领，搭襟，3个扣，长及肚脐，均为白色。下体穿"多玛"，系棉布缝制的开裆裤，长及小腿。

◀ 自制男性白色棉袍

门巴族女性服饰

门隅达旺一带的妇女穿一种称为"堆通江坚"的花上衣，由一种竖条纹花布做成，长及臀部，圆领、长袖。在衣服上绣缀有人、牛、太阳及各种花卉的彩色图案，色彩用红、黄、蓝、白四色搭配。妇女穿白色短内衣，下身穿"辛嘎"筒裙，筒裙由条纹花布做成。妇女在劳作时，在后背颈项下部围一个白色圆垫肩，称为"林巴"；在腰部及臀部以下披挂一块红氆氇或氆氇围垫，围垫称"旦安金玛"。

◀ 女性服饰

上门隅（勒布、邦金等地）妇女穿内衣和外罩衣，围白色氆氇裙。内衣叫"布热"，有长短两种，质料是棉麻纺织的土布，有白、红或粗条花色。短内衣有袖，无领无扣，斜襟右衽，长内衣无袖，长至小腿，系用长幅窄面土布折叠缝成袋状，不开襟，折边中央开一圆口套头。外罩衣服称为"冬固"，长及小腿，用红、黑色氆氇制成，斜襟右衽，衣角开口，用孔雀蓝布压边，无

门巴族妇女传统服饰

领、无扣、无衣袋，穿者腰部围一条称为"金玛"的白氆氇做的围裙。

在勒布、邦金等地的妇女有一件不同于其他地区门巴族妇女的特殊装束，她们习惯在背上披一张小牛皮。无论是天真烂漫的少女还是白发苍苍的老妇，背后都披着一张完整的小牛犊皮。披挂时，小牛犊皮毛向内而皮板朝外，牛皮头部向上直抵披挂者颈项，牛尾朝下，四肢向两侧伸展。

门巴族妇女披挂小牛皮的习俗来源，当地有一个优美的传说：

相传文成公主来到西藏后，常深入民间，体察民情，关心百姓的疾苦。文成公主得知上门隅的勒布沟住着门巴人时，她不顾山高路远，专程到门隅看望门巴百姓。文成公主同门巴族妇女同吃同住，一起劳作，门巴族妇女十分喜欢文成公主，亲切地称她为"阿姐嘉萨"（汉妃姐姐）。文成公主进藏时曾披有一张从汉地带来的牛犊皮，看上去很美观，门巴妇女十分羡慕。文成公主离开门隅时，将牛犊皮送给了门巴族妇女，说披上它可以防妖驱邪。门巴族妇女接受了文成公主的馈赠，从此便有了披挂小牛皮的习俗。

传说是美好的，而上门隅妇女背牛皮的习俗还得从她们生产生活的环境中找寻答案。上门隅地区气候潮湿，背上披

传统背饰
——小牛皮

挂牛犊皮实际上可以防潮护体减少疾病；门巴族妇女从事农牧业生产劳作和操持家务，运输收割背水等活动全靠肩挑背扛，牛皮成为负重时的垫物，既可以护体又能保护衣服减少磨损。

墨脱门巴族妇女喜欢穿白色的无领、圆口、搭襟的小上衣，一般不穿外罩衣服。天气变冷时，也穿一种称为"古休"的长外衣。"古休"是一种无领无袖，从头上套下的宽大褂子，色彩纹饰是由红、绿、花组成的条纹。下身喜欢穿有竖条花纹、下边带飘穗的筒裙。筒裙的两侧各有3道褶，有的在裙上还挂缀小铃铛或"朋巴林"（一种植物果实做成的装饰品），走路时叮当作响，清脆悦耳。妇女系腰带，腰间佩挂小腰刀。墨脱门巴族崇尚白色，反映在服饰穿戴上男女上衣均以白色为主。

◀ 门巴族母女

帽

达旺一带的门巴族妇女戴一种称为"古奥洛木"的帽子。这种帽子由牦牛毛编织而成，圆顶，帽檐有五角，垂吊5根缨穗，戴时，1根穗子对准鼻梁正中，另4根在侧面和脑后，芒果一带的妇女帽形似达旺帽，前后缨穗有18条之多。"邦金"妇女的帽形亦似达旺帽，虽没有飘逸的穗子，但在帽檐上插一支孔雀翎或雄鸡尾，鲜艳夺目，别致美观。

上门隅勒布一带的门巴族妇女的帽子又别有一番韵味，帽形迥异于其他地方，女子所戴帽子称为"色尔霞"，男子所戴帽子

门巴族女性着自制花色外衣

门巴族缺边小帽"巴尔霞"

称为"巴尔霞"。过去女帽色料全用黄色，帽檐缀有垂至眉际的五彩色线穗子，这是男女帽子的主要区别。现在男女帽大体相同，均可称为"巴尔霞"。"巴尔霞"的圆顶用黑氆氇呢制成，帽围是用红色氆氇或红色毡绒缝制的2寸高的筒状，翻檐部分用的是橘黄色毡绒，镶以孔雀蓝檐边，并留一楔形缺口。戴帽子时，习惯将缺口对着右眼的上方。

处于亚热带气候的墨脱地区的门巴族很少戴帽，常戴自编的斗笠防雨防晒。

鞋

上门隅妇女穿藏式软筒靴，靴底用牛皮制作，靴面用黑氆氇缝制，靴筒用红氆氇缝制。腿肚以上至膝下缠扎花带，用以固牢靴筒。达旺妇女的鞋在形制上同上门隅妇女的鞋相似，但靴帮和靴面是绿色的，靴筒与靴帮连成一体，在靴筒的侧面开口处缝缀花边。

门隅男子穿长筒靴。靴底与鞋帮用牛皮制成，靴筒用红氆氇缝制，靴面用黑氆氇缝制。靴筒外侧约15厘米处留一长"V"字形缺口，缺口边沿用布绲边，靴筒高至膝下。穿用时另扎一条用羊毛线纺织的裹带。

墨脱门巴族男女过去多赤足。墨脱门巴男子在野外劳作时常绑缠裹腿。裹腿叫"比雄"，用棉线纺成，宽1拃，长约1米，可在小腿上裹缠5圈。打裹腿时，由下往上缠，缠在裤管上。由于墨脱地区蚂蟥和蚊虫多，绑缠裹腿可防蚊虫叮咬。妇女在野外劳作时也缠裹腿，直接缠在小腿上。

饰品

门巴族妇女的饰品有项饰、耳环、戒指、手镯、腰带等。项饰，是用若干根细细的皮条，穿缀着许多珍珠、玛瑙、珊瑚、翡翠，中间的一颗很大，两边的较小，色彩斑斓。耳环，是取用绿松石和红玛瑙用彩线穿缀起来，丝线的吊穗一直垂到两肩，给人以飞动、飘逸之感。腰带，有银腰带、铜腰带和合金腰带多种，腰带是墨脱门巴族妇女穿戴打扮的重要饰品。妇女在左胸上戴银质菱形"嘎乌"，用银链拴套，手戴银质手镯和戒指。

◀ 门巴族传统首饰

门巴族男子的佩饰物有耳饰、胸饰及手镯、戒指等。门巴男子蓄长发，佩戴用两个珠子穿结而成的耳饰，胸前喜戴一菱形"嘎乌"，腰佩一把称作"恰窝"的长刀，手戴银质或铜质手镯和戒指。墨脱门巴男子过去喜戴称为"错"的藤手镯，腰佩长刀，挽弓挎箭，十分刚健英武。

独具特色的饮食

主食

荞麦饼 门巴语称作"库儿古"，是门隅门巴族十分喜爱的食品，尤其在门隅北部的"勒布""邦兴"一带，是当地门巴族的主食。在"勒布"，制作荞麦饼时先将荞面调成糊状，然后用一块圆形石板，放在火塘三脚架上。待石板烧烫后，以野蜂蜜代油，将面糊均匀铺在圆石板上烙成饼，再抹上辣椒、奶渣佐食。面饼清香扑鼻，

◀ 火灶

传统火塘 ▶

酥软可口，味道鲜美，且营养丰富，很受人们喜爱。墨脱地区门巴族也食荞麦饼，他们称荞麦饼为"卡拉库巴"，是用叫"库巴龙"的石板烙制的，烙饼方法大致相同。

玉米 由于墨脱地区处于高山峡谷地带，平坦开阔地少，耕地大都是适宜种植玉米的刀耕火种地，因此玉米便成为墨脱门巴族的主食。玉米的食用方法主要有两种：一是做玉米糁饭；二是做玉米黏坨。玉米糁饭叫"卡让"，是玉米加工后较粗的玉米糁粒做成的。玉米糁粒也可掺和大米、高粱米做成混合饭。玉米黏坨叫"阿香波比"，是用磨制的玉米细面做成的。门巴族还用嫩玉米做成玉米粑：待玉米刚成熟时，掰下脱粒后砸碎，用"布儿波那嘎"叶包裹后埋在火塘的炭灰中烤熟，食时佐以辣椒或蔬菜。

晾晒玉米 ▶

鸡爪谷 产于珞渝和门隅地区，因谷穗形似鸡爪俗称鸡爪谷。鸡爪谷的食用方法一般是炒半熟后磨成面，加水煮成黏稠状，捏成团食用。鸡爪谷还是酿酒的优质原料。墨脱地区门巴族酿造的"邦羌"酒，主要是以鸡爪谷为原料酿制成的。

稻田

大米、小麦、青稞 在门隅北部地区和墨脱德兴乡、背崩乡等门巴村寨，可见到一片片稻花飘香的梯田和种植小麦、青稞的坡地，稻子和小麦、青稞的种植很普遍，而在门隅南部地区则盛产稻米。大米主要是做米饭或掺和其他粮食（如玉米、鸡爪谷等）做混合饭，小麦主要是磨成粉后烙饼，青稞的吃法是将炒熟的青稞面调成很稠的糊糊。

除上述几种主食外，若遇荒年，墨脱地区门巴族常采集野菜、山薯等，砍伐加工俗称糌粑树的"达谢""达莽"来制作饭食充饥。

"达莽" 又称为"阿莽"，是类似于"达谢"的一种棕榈类植物，门巴语称"阿莽辛"。用"阿莽"加工的食物称为"阿剂波比"，其加工方法如同"达谢"，亦做成黏坨吃。

> **知识链接** "达谢" 棕榈类野生植物，淀粉含量高。用"达谢"加工的食物称为"达谢波比"。加工时将"达谢"砍伐后去皮，用刀削成薄片，晒干后在木臼中捣碎，然后用箩筛过滤，取细面。制作时，将水烧沸，放入达谢粉，用木棍不断搅和，熟后成黏坨，取出便可食用。"达谢波比"是荒年的主要饭食。

第四章 风情习俗

"巴库巴" 一种称为"巴"的植物加工做成的饼。"巴"的加工较为复杂,首先砍伐一棵树,将树干的一端削平,凿一个圆窝,放入"巴"后用木棒捣碎,将捣碎后的"巴"平铺在垫有芭蕉叶的地上,在野外放置15~20天。在运回家的前一天,还要进行进一步的加工,将"巴"放入一个藤编的长方形器皿中,上下各放一块木板,木板上置重石,将"巴"的水压干。第二天,将压干水分的"巴"带回家。制作前,要将"巴"放在木盆中用力揉搓,揉时加入一点盐,这样便可以烙饼吃了。

副食

在门巴族饮食结构中,常见的蔬菜品种有土豆、萝卜、白菜、黄瓜等。门隅和墨脱地区森林茂密,盛产野生蘑菇和木耳。蘑菇种类繁多,味道十分鲜美,墨脱地区的黑木耳更是远近闻名。

在肉食方面,墨脱地区门巴族过去的肉食来源主要靠猎获动物。除宗教活动规定的素食日子和生孩子的某些特殊规定外,平时既吃猪、牛、鸡、羊等家畜家禽,也吃野猪、狗熊、獐子、羚羊、鹿等飞禽走兽。门隅地区门巴族则很少打猎和不食兽肉,平时只吃少量的牛羊肉。

◀ 野外散养的猪

在菜肴的烹调制作上较为简单,一般为烧烤和水煮,也用清油烹炒和油炸,烹制时加盐和一些调料,待熟后用手抓食或以竹棍当筷食之。墨脱门巴族的食用油较丰富,既有种植的芝麻等油料作物可供榨油,还有许多野生的油料植物提供了丰富的油料来源。门隅地区门巴族主要食用酥油。

门巴族常用的佐料有花椒、辣椒、葱、蒜和生姜。它们既是调味品，又是人们喜爱的佐餐佳品。在墨脱可以见到成片的花椒树和辣椒地，人们的饮食离不开辣椒和花椒。门隅和墨脱还产葱、姜、蒜等调料类作物，也是人们喜爱的调味品。

◀ 干辣椒

▲ 香蕉

门巴族日常生活中的零食可分作两类：一是时令水果，另一类是炒货和奶制品。门隅地区和墨脱地区水果甚丰，时令鲜果很多。常见的水果有芭蕉、香蕉、柠檬、柑橘、甜瓜、蜜桃、甘蔗等。墨脱地区的香蕉一年四季不断，野芭蕉满山遍野，还有许多甘甜可供食用的藤茎类植物。这些时令鲜果，既是招待客人的佳品，又是闲暇时的零食。

酒与茶

门巴族日常生活中饮料有酒和茶两大类别。酒有"邦羌"、米酒和青稞酒，茶有清茶、酥油茶和清油茶。

门巴族爱饮酒也善酿酒。门隅地区和墨脱地区盛产稻米、玉米、鸡爪谷，也产小麦、青稞等作物，这些都是酿酒的好原料。墨脱地区门巴族最喜欢的一种酒叫

◀ 酒曲

第四章 风情习俗 075

"邦羌",又称"育"。根据酿酒原料的不同,分作"达谢育",用"达谢"粉做原料酿制;"贡波育",用鸡爪谷酿制;"阿香育",用玉米做原料酿制。

> **知识链接** **"邦羌"酒的酿制方法** 将磨碎的玉米或鸡爪谷煮熟,待温热时,加入酒曲发酵,将发酵后的酒米盛放在特制的竹编酒漏和竹筒酒漏中,吊挂在火塘的一侧。酒漏下放一大铜锅,酿好的酒液一滴滴地滴进铜锅里,然后将酒盛入竹筒或大葫芦内保存。饮酒时,将酒倒入瓢中,再倒进碗里饮用。这种酒属于黄酒类,酒精度数低,酒味儿酸甜可口,系清热解乏的饮料,也是请客送礼必备之物。

门隅门巴族善酿制米酒和青稞酒,酿制过程同"邦羌"酒相似,盛酒器具一般为木桶。在勒布地区,婚礼大典和喜庆场合要酿制一种特有的酒,门巴语称为"康波酒"。有专门的做酒人,称作"羌麦吉波"。这种酒的制作,由"羌麦吉波"在装满已发酵好的青稞酒酿的大酒桶中插入一个竹编漏斗,与酒酿隔开,倒进清水,再用一木勺在漏斗内不断上下搅和,将过滤渣汁调和均匀,将调和均匀的酒舀入盛酒器具。这种酒甘冽怡人,醇香可口。

婚礼上调制"康波酒"

如果说酒是门巴族形影不离的伴侣,那么,茶也是门巴族生活中不可或缺的饮品。由于气候和物产等原因,各地门巴族在饮茶习俗方面不尽相同。

在门隅地区北部，畜牧业较发达，牛羊饲养多，人们大都喝酥油茶。酥油茶的打制与藏区相似：将提炼的新鲜酥油放入茶筒中，倒入熬煮的滚烫的红茶茶水，用一端装有圆盘的搅棍上下提打、搅拌，使茶水与酥油交融一体，加入适量的盐便成为香喷喷的酥油茶了。打酥油茶需用内地砖茶，有时也用自产的门隅砖茶。

◀ 茶树

◀ 可用作熬茶的树叶

在墨脱地区，由于畜牧业不发达，酥油产量少，加之气温较高，酥油不易保存。当没有酥油时，他们便以清茶、清油茶，甚至猪油茶代替酥油茶。清油茶的打制方法是先将清油在锅中烧熟，然后同茶水一道打制。用优质清油打制的茶香味浓厚，十分可口。

墨脱地区门巴族除喝自制的酒、茶之外，每到夏秋季节，许多野生山果类的果汁就成为人们的天然饮料。常见的种类有"科芒""阿贡玛""巴炯玛""斯贡"等，都是富含丰富汁水的果类，成为人们季节性的重要饮料来源。

碉房式石楼与干栏式木屋

门隅地区门巴族和墨脱地区门巴族由于所生活的地域环境、气候条件和文化氛围不同，其创造的住室文化与起居习俗有着截然不同的风格，主要有碉房式石楼和干栏式木屋两类，此外还有供临时居住的简易木棚和帐篷。

碉房式石楼

门隅地区门巴族房屋建筑的主要形式。石楼的屋顶用木板苫盖，有苫檐伸出楼壁，楼顶两面坡倾成"人"字形。木板由刀斧

▲ 碉房式石楼

劈成,有意留下木板的自然纹路。石楼基座大多为长方形,楼壁垂直高耸。基座和楼壁全用石块砌成,不用挂梁,楼屋之间铺排木板。

门巴石楼一般分作3层:底层,门巴语称为"沙戎",意为"圈",供圈养牲畜使用。有条形窄窗,敞门,或三面石壁,一面全敞。中层,门巴语称为"米珠堆钦",是住人的居室,有单扇木门和方形小窗,专门供人活动、食宿、待客的地方。石楼的上层,门巴语称为"庞",是堆放饲料和杂物的地方,上层两侧留有空窗,通风好,也是粮食脱粒和晾晒的场所。

> **知识链接** 在门隅地区北部,一些石楼的屋顶是用薄厚均匀的大石板铺叠做瓦。这些石板采自山上,经久耐用,又给人以质朴、浑厚之感。现在新修的房屋大都以白铁皮做顶。

门巴石楼，一般高度均在六七米以上，有的甚至达10米以上，除以石块砌墙外，几乎全是木料结构，榫接处用榫不用钉，巍然高耸，结实坚固。门隅地区北部贤村的一栋石楼，已有80多年的历史，房屋高度在8米以上，虽经近百年的风雨剥蚀，至今仍坚固如初。

◀ 门巴石楼

干栏式木屋

干栏式木屋是墨脱门巴族房屋建筑的主要形式。屋与地面相距1米左右，"人"字形房顶，用蕉叶或木板覆盖，再用石块压顶。有的住房用竹篾做墙，屋顶盖木板或蕉叶。木屋一般为3层。底层无围墙，门巴语称为"派龙朗嘎"，供拴养牲畜用。第二层门巴语称为"派巴尔嘎"，为人居住的住室。住室的外侧有走廊，门巴语称为"彻"，兼作晒台，既可晾晒粮食，又是人们编竹器、做木活的场所。底层与外走廊相连接的是一架用粗大的原木砍凿成的木梯。第三层门巴语称为"派通昂"，存放杂物。屋顶为两面坡"人"字形，门巴语称为"派崩朗"。

◀ 干栏式木屋

粮仓 ▶

火塘

门巴族的石楼和木屋，建筑风格各异，或巍然耸立，浑厚坚实，或拔地凌空，轻盈精美。在居室结构和内部陈设上亦各具特点。

墨脱地区门巴族木屋的居室内部分为3个部分。"果瓦嘎"，位于进门的左侧，"果瓦嘎"内设灶，平时专门用来做酒，如有亲朋做客歇息在主人家时，主人家的人常搬进"果瓦嘎"里住，而平时不住人。"果瓦嘎"内平时放置肉、酥油和炊具、餐具等物。"派朗"，是人们活动的主室，占整个室内面积绝大部分，是家人食住、取暖、睡卧之地。火塘设在"派朗"南端靠板壁处，火塘内立三角灶石。在"派朗"西面板壁上开窗。"绕塞"是一偏房，从"果瓦嘎"到"绕塞"有一门相接。"绕塞"是亲友居住的地方，家中举行法事活动延请喇嘛念经时亦在此屋进行。一般人家在"绕塞"内都搭有祭台，祭台位于靠里的位置。

在室内陈设上，做酒的器具一般放在"果瓦嘎"室内，滤酒、盛酒器具有大铜锅、木桶、竹筒和大葫芦等，竹桶吊挂在木柱上，其他物件整齐排列置放。在"派郎"主室南侧，内壁上用木板搭有长形格架，放置各类石锅、铜锅、铝锅、铝壶、木碗、

厨房用具 ▶

瓷碗等炊具和餐具。在灶塘上方从房顶垂线吊2层木排做烘烤架，门巴语称为"仓达"。底层木架上平时放置辣椒、肉、木耳等食材，上层木架平时放置一些干货，冬天将酒放在上面。

门隅地区石楼分作3层，第二层，门巴语称为"米珠堆钦"是供人食宿的居室，是人们居家活动的主要场所。该室的结构分作里外套间，用木板隔墙，有木门相连。里间，门巴语称为"钦木能"，意为"内室"，是做酒和堆放杂物的地方，一般不住人，只是在子女多，长大结婚后才住此房。外室，门巴语称为"钦木"，意为"住室"，房屋宽大，在屋中央靠窗口处设一火塘，火

◀ 室内陈设

塘过去多是支3块灶石或三脚铁架做锅灶，锅灶上架放铝锅或石锅。火塘上方用木板搭有烘烤架，门巴语称为"仓达"。火塘是"钦木"的中心，人们吃喝、会客、睡卧均在火塘旁。围绕火塘的三方（火塘另一方靠墙壁）门巴语有不同的名称，由不同身份的人坐卧。靠近内室的位置门巴语称为"钦普玛嘎"，由家庭男女主人坐卧。正对火塘靠近过道的位置门巴语称为"钦木东"，由其他家庭成员坐卧，客人来时是招待客人的地方。火塘靠窗口墙壁一侧垒有灶台，门巴语称为"它木拉"，是供灶神的地方。

一般人家的"米珠堆钦"仅有内外室，另有一些较富裕的家庭还修有一间门巴语称为"甲岗"的耳室。耳室位于第二层门前

石锅 ▶

用木板搭建的晾晒台的靠里方向，耳室主要用于存放家什物件，也可供人居住。

门巴族居室的家具及摆设过去较简单，在灶台靠墙方向一般安放有一门巴语称为"布热"的橱柜，放置碗、壶等生活用具。房间四周，有一排排木箱、木柜，供放置粮食和衣物。在墙壁的一侧，用大木板搭有一排长长的隔架，专放各类锅，有铜锅、铝锅、石锅等，大小不等。此外，每家都少不了有几个做酒、盛酒的大木桶，背水桶，酥油茶筒等生活用具。现在许多人家购置或制作了大量的藏式家具，有收音机、录音机、电视机等家用电器，生活条件大为改善。

门巴族修房、造屋时习俗礼仪多，从选择地基、开工时间到落成竣工都有着丰富的礼俗。

墨脱地区门巴族在建干栏式木屋时，先要请僧人，或阅历丰富的长者选择地基，并由僧人作法事以祈福禳灾。建造时，先立木柱，一般需立3排木柱，每排4根。立柱是用坚硬的"古米辛"砍切的，每根高1.5米～2米。在木柱上架放4根木梁，然后铺搭8～10块松木板，木板长约1.8米，宽约0.5米，厚约3厘米。木柱、木梁和木板的榫接处用刀斧砍削后自然榫接，不用铁钉，个别用坚硬的竹钉加固。楼层铺好后，在四壁用木板，或竹做墙壁。

新房竣工后，门巴族有一个特殊的习俗，就是举行"旺久钦波"的仪式，在房屋上悬挂木制男性生殖器。木制男性生殖器，墨脱地区门巴语称为"卡让欣"，又称"拉钦"（大神），错那地区门巴语称为"辛基白列"。"旺久钦波"仪式颇具特点。每当人们盖新房时，主人需秘密派专人去山上用"波尔巴树"做男性性器。

新房竣工之日，由男人组成请神队伍将"拉

屋檐下的木制男性性器 ▶

钦"迎请回村。神物拉到新屋的楼梯口、正门和主室时，由妇女向"拉钦"神献三道酒，将酒洒在木制性器上面。献酒毕，将"拉钦"神挂于正屋的房梁。仪式期间，全村人都来贺喜同庆，狂欢3日。狂欢后，将正屋房梁上的"拉钦"移至室外门楣上方的屋檐上，以佑护房主家吉祥安泰。门隅地区门巴族新房竣工时则举行"颇章拉堆巴"仪式，人们载歌载舞，欢乐庆贺。

人生礼仪

诞生礼

门巴族妇女十分勤劳，怀孕后，除不干特别繁重的活计外，仍从事劳作和家务。

门隅地区门巴族妇女生第一胎，过去必须回娘家生，而不能在婆家生，现在仍在娘家生孩子居多。墨脱地区门巴族妇女在哪里生，由孕妇自主决定。孩子出生后，产妇要休息若干天，由家人照料。饮食上，产妇除吃鸡蛋、牛肉等补品外，墨脱地区门巴族还要给产妇喝精酿的黄酒，每天为产妇做一种门巴语称为"阿惹察尼比瓦"的滋补食品。

> **知识链接** **"阿惹察尼比瓦"制作方法** 用自制的藏白酒，加入酥油融化后放入鸡蛋搅拌成蛋羹，再加入适量的"帕名"（醪糟）。这是一种高营养、易消化的食品，对产妇身体的恢复很有益处。

命名仪式

孩子的命名仪式一般在出生3日后举行，仪式简单，多请喇嘛或"扎巴"取名，也可由家中的长者取名。如请喇嘛或"扎巴"取名，孩子的名字大都与宗教有关。如"丹增"，意为"圣法"；"多吉"，意为"金刚"；"群佩"，意为"兴佛"；"卓玛"，意为"度母"等。

家人取名表现的是长辈对孩子未来寄予的美好期望与意愿。诸如"扎西罗布"，意为"吉祥宝贝"；"次仁拉姆"，意为"长寿仙女"等。门隅地区多湛蓝碧绿的高山湖泊，在蓝天辉映下，湖水涟漪,碧波荡漾。门隅地区门巴族则喜欢给女孩取名为"措姆",意为"湖泊",表现了门巴族对恬静秀美的审美追求,也形象地反映了门巴族妇女温柔贤淑的品格和美德。

婚礼

门巴族青年婚前社交比较自由,一般女子在十六七岁,男子在十八岁左右,男女之间便可自由交往。但这种自由交往,以及以后能否定亲成婚,则有如下的原则:一是父系血缘亲属之间、母系表兄弟姊妹之间严禁恋爱交往与婚配;二是姑舅表兄弟姊妹间的交往婚配享有优先权。除此之外,青年男女可自由交往,即使有了非婚生子女,亦不受社会舆论的谴责。门巴族青年男女的婚姻形式上要由父母做主,请媒人或由父母亲自去对方家提亲,但同封建包办婚姻有本质的区别。婚姻的成败取决于男女双方,如果子女不同意,就是父母看中婚事也不会成功。有一首门巴族民歌唱道:"东北的山再高,挡不住天上的太阳;父母的权势再大,不能定子女的姻缘。"这便是子女能自主婚姻的真实写照。

门巴族婚俗:新郎不亲自迎亲

男方去女方家提亲时需带上几竹筒"巴朗"酒和数条哈达,给对方家倒"喜尔羌"(求婚酒)并敬献哈达。女方家人同意这门亲事后就会喝下"喜尔羌",收下哈达。数月后,男方要准备好聘礼去正式订婚。订婚后一般要半年或一年以上才能结婚。

结婚之日,迎亲人着节日盛装,带着哈达和青稞酒到女方家迎接新娘。娘家送亲人有舅、姑、兄弟等亲戚,新娘父母不随队伍前往,由男方派专人来迎接。迎亲途中男方家要敬女方家三道酒,门巴语称为"苏羌",意为"迎接酒"。新娘到男方家后即被带入内室,脱去从娘家穿来的衣服、首饰,里里外外换上婆家准备的一套东西,表明新娘从此属于婆家人。换好衣后,新娘和新郎入座,乡亲们向一对新人和娘家客人献哈达、敬酒,唱诵《颂词》和《吉祥歌》。

向新娘父母及亲戚献哈达,敬酒,道吉祥,然后催促新娘启程

婚礼第二天,娘家以舅父为主的客人借口酒不香浓、敬酒女无笑颜为由开始发难,挥舞拳头捶打桌子,掀翻酒碗杯盘,责骂男家,婚礼出现戏剧性的场面。男方家会急忙端上好酒、好菜,向娘家人赔罪,请求原谅,闹剧最后以舅父接受男方家的"赔罪酒"而平息。舅父在这种戏中是重要的角色,没有他的首肯,事情就别想了结。

婚礼第三天,新郎家要为新娘的父母及亲属在一个专门的房间设丰盛的酒宴,一边喝酒、吃饭,一边商量新娘何时落户夫家。娘家客人在酒宴上要给新娘送些钱物。新娘的舅父及父母依次劝慰女儿,教训女婿。临近傍晚时,酒女和歌女手捧大碗酒,边歌边舞给娘家人敬"杂羌"(送行酒),这时新娘的亲属们挥舞着哈达,唱起急促的短调《回去歌》,蜂拥而上,将新娘从婚宴上抢走。新郎的亲属们也挥舞着哈达,唱着《归来歌》,急忙追

在迎亲途中摆三次酒,迎接新娘及女方客人

出门外去抢夺,最后由媒人出面才能平息"风波"。婚礼期间,人们饮酒狂歌,欢跃舞蹈,通宵达旦。整个婚礼高潮迭起,风趣多姿。

随着交通条件的改善,对外联系的扩大和视野的开阔,门巴族的婚恋观念和礼俗正发生着深刻的变化。

颇具特色的"三道酒"

千百年来一直奉行的姑、舅、表优先婚配的特权已不复存在。今天的门巴族青年,只要双方相爱,不再有人顾及姑、舅、表优先婚配的特权,社会舆论和家庭也不会因不是姑、舅、表婚而横加干涉和阻挠。

长期压在人们头上的彩礼负担基本解决,阻碍青年男女顺利成婚的障碍已根本消除。过去人们看重彩礼,主要原因是经济贫穷,通过收受彩礼获取一定财物,为兄弟姊妹的嫁娶做物质准备。如今,昔日贫穷落后的面貌已基本改变,"饥饿山谷"已成为人们幸福的乐园,人们已逐渐走上富裕之路,因而不太注重彩礼的多少,年轻人只要情投意合,一般都能成婚,门巴族人民实现了真正的婚恋自由。

喝洗尘酒

婚礼的烦琐礼节也正在日趋简化。门巴族的婚礼热闹风趣，订婚、结婚的礼节基本如旧，但一些烦琐礼节如喇嘛念经择婚、驱邪以及新娘的抢夺、娘家人的发难等都趋于简化，只留其象征形式，有的礼俗形式已经变化或消失。

葬礼

门巴族土葬、水葬、火葬、天葬、崖葬多种葬式并存，还有少量的屋顶葬和屋底葬。有一次葬，也有二次或三次葬的复合葬，如先屋顶葬，后水葬的二次葬；先土葬，后火葬再水葬的三次葬。在众多葬式中，土葬和水葬为一般群众所采用。墨脱地区门巴族普遍实行土葬，门隅地区门巴族则盛行水葬。

> **知识链接** 门隅地区无固定的水葬场，葬地主要由喇嘛选定，也要尊重死者生前的遗愿。一般是在水深流急的地方进行水葬。处理尸体一般是3人：水葬师、助手和一名煨桑人。出殡之日尸体背到水边后，水葬师在地上画一个"×"形符号，将尸体置其上，松绑，去掉衣服。男性死者伏放，女尸仰放，待煨桑后开始水葬。葬毕清理现场，不留痕迹。

按墨脱地区门巴族的丧俗，人亡故后要立刻将死者铺垫的所有皮毛类物品拿走，狗和猫要拴好，据说皮毛一类东西如同死者相碰，尸体便会立起来，亡者在来世将转生为动物。之后要用白布将尸体捆成胎儿状，将双手交叉于胸前。男死者左手靠胸，女死者右手靠胸，整个尸体呈卧式平放在床上。在死者面前放置些小碗，放水、奶、饭、烟、酒、肉和钱币等，还可在死者周围放有哈达、嘎乌、腰带、手镯、耳环等饰品及日常用品作为祭品供奉。

◀ 水葬

家中有人去世必须到亲友家里报丧。接到报丧之后全村都要停工一天，不能除草、砍树，也不能打猎，全村人都要到丧家进行祭拜。每家每户都要送来食物，用"邦穷"盛放送至死者面前,同时供上一个"章嘎"。过去尸体在家一般放置两三日,并设灵位祭祀,由亲属日夜守灵。现在尸体一般在家停放一天。如果早上去世,当天就可以出殡;如果是晚上去世的,最多停放到第二天早上就可以出殡。在此期间,要请喇嘛念经,既为死者念经超度灵魂,还要根据死者的生辰属相为死者选定葬式、安葬时间和方位。据说,若不经喇嘛择定而自行安葬,会危及死者亲属和同村人的安全。

出殡前尸体的出门方向需由喇嘛择定。如若喇嘛认定尸体需要从东出,而门在西面,则必须拆掉墙壁将尸体运出。方向选定之后一般由儿子背尸,姿势大多采用仰背式,送葬的人数必须为单数,7人或9人,且必须是男子,女子不能参加送葬。送葬的路上送葬人不能说话。

安葬时坟地是事先由喇嘛选定的。尸体背到目的地之后,先由喇嘛在选好的地方画一个圈,然后人们沿着画好的圈挖深坑。将捆成胎儿形的尸体放进坑内,除死者已穿戴的衣物外在周围放上死者生前喜爱的衣服、首饰等物件。坑顶铺一层木板,板上垫上野芭蕉叶,然后堆土,四周再用竹木围栏,防止野兽进入,墓上不起坟。安葬完毕之后返回时不能回头看,表示同死者断绝关系。安葬完毕后参加安葬的人回家前不能马上进屋,需要先用喇嘛施过法的清水洗脸、手和脚,再煨桑后才能进屋。葬后第三天,死者的亲属要为死者立"潘新",请亡者灵魂回来。立"潘

立"潘新" ▶

新"需由喇嘛念经,用纸画出死者像,写上名字,拴在一支箭上,箭插在装满大米的量斗中,在箭上挂一条哈达,以此作为死者灵位,在灵位前供献祭品。葬后有多次法事活动,"头七""二七"时要请喇嘛念经做些简单的法事活动,超度死者灵魂。"三七"时,喇嘛要焚烧画像,立"潘新",做"格瓦"法事。丧家还要做许多大米面饼和门巴语称为"细措"的供品,仪式结束后分发给村人。

在墨脱地区,有不少人家在土葬之后,还要采用火葬和水葬,从而构成二次葬或三次葬的复合葬型。典型的是三次葬,门巴语称为"都尔松",即"萨都尔"(土葬),"梅都尔"(火葬)"曲都尔"(水葬)。

◀ 土葬墓地

土葬数月或一年后,选择吉日请喇嘛作法事,挖出尸骨举行"梅都尔"(火葬)之仪,地点就在原坟地。火葬之日,由专人去山上背回"若辛"(烧尸柴)交叉架放,尸体(骨)置其上焚烧,不时往火中添入酥油。同时,往火中投放衣物、水果、大米、豌豆等物。喇嘛在一旁念经,并不时说:"愿你的福泽像熊熊大火一样兴旺。"次日凌晨,用口袋将骨灰连同柴灰一并装好,背往雅鲁藏布江行复合葬的最后一道程序"曲都尔"(水葬)。将骨灰倒入江中,边倒边说:"愿你来生智慧像水一样明净,愿你来生年寿比流水还远长。"最后,将袋子、绳子一并扔入江中。

丰富多彩的节庆

门巴族节日丰富多彩，就其性质来看，大致分为宗教性节日、生产性节日、娱乐性节日三大类。在门巴族地区影响较大的宗教节日有萨嘎达瓦节、达旺大法会和主巴大法会。

宗教性节日

萨嘎达瓦节 藏传佛教纪念佛祖释迦牟尼诞生、成道和圆寂的日子。藏历四月十五日这一天，如同西藏各大寺庙一样，门隅地区的所有寺庙不分派别念经祷告，举行法事活动。届时，门巴族善男信女前往寺庙转经，烧香拜佛。每户均要出一定数量的糌粑、酥油和青稞酒，交给寺庙，喇嘛将糌粑做成"措"分给大家吃，众人互相敬酒吃喝，晚上家家户户房前屋后点酥油灯，庆祝一天。从此日开始，全村男女开始做农活。这个本是纪念佛祖的节日已被门巴族视为祈求水草丰美、五谷丰登的祭祀活动，并作为进入农时的标志。

达旺大法会 达旺寺是门隅地区最大的一座藏传佛教寺院。每年藏历十一月寺院举行大型法事活动，俗称"达旺大法会"。法会于每年藏历十一月二十九日举行，历时3天，主要活动是"跳神"。这是门隅地区影响最大的宗教活动。其时，达旺寺所属各寺庙僧人及各地僧俗群众云集"达旺"，观看"跳神"表演。在这个活动中，除宗教"跳神"外，演员还要演出门巴族传统戏剧《卓娃桑姆》和跳牦牛舞等。群众除观看演出和唱歌跳舞外，还举行拔河、射箭、角力、赛马等自娱性游艺活动。

主巴大法会 主巴大法会是墨脱境内规模最大的传统宗教节日，举办日期不固定，丰收之年，年年举行，歉收年则不举行。法会通常在丰收年的藏历十二月中下旬举行，历时3~18天不等，地点在仁钦崩寺。活动有念经、跳神、演出宗教戏剧等。

法会的第一天，主要活动是跳"德羌"（生殖舞）和"夏瓦羌"（鹿舞）。上午跳"德羌"，舞者仅1人。舞者头戴木雕面具，赤裸上身，用木炭在胸部、背部和胳膊上画纹饰，下体穿短裤，阴部拴挂一个木制男性生殖器。下午跳"夏瓦羌"。跳之前，先举行"吐儿达"仪式：两名身穿绣缀有虎纹的缎料衣服，头戴鹿面具的僧人，抬一个祭祀神架，安放于广场正中，口中念诵祷词，祭祀天灵地祇。仪式毕，舞者戴鹿面具出场，模拟鹿的各种动作，或轻盈跳跃，或驻足观望，形态逼真。第二天和第三天，表演宗教戏剧"巴多"。戏剧由两部分组成。第一部分表现猎人捕杀小鹿、野牛、羚羊等的狩猎活动；第二部分表现猎人因杀牲造孽在地狱中受审的情形。戏剧故事性较强，出场人物多，除猎人表演各种舞蹈动作外，还有象舞、大鹏舞、狗熊舞、野猪舞、猴舞、虎舞、狮舞等。第四天和第五天，跳"霞纳羌"（黑帽舞）和"多吉卓勒"（金刚神舞）。"多吉卓勒"的面具形象庄严威赫，以示佛法神威。舞者身着华丽的缎料衣服，胸前拴挂一块绵缎围裙，围裙上用红、黄、天蓝三色绣有各种神佛形象，胸口处戴一大铜镜。舞者动作缓慢沉稳。跳金刚神舞的人员有严格规定，只有活佛才具资格。

整个法会期间，群众白天饮酒观看表演，夜晚点燃篝火，载歌载舞，常通宵达旦不散。

生产性节日——曲科尔节

门巴族的生产性节日大都与原始宗教祭祀活动相关。墨脱地区门巴族在每年庄稼开播前的第二月，各村寨要集体出资延请巫师举行祈福禳灾仪式。届时，全村人汇聚于田间地头，由巫师杀牲祭祀鬼灵，乞求鬼灵佑护，使庄稼不受虫灾，风调雨顺。祭祀毕，全体村民在田间集体会餐共食，歌舞娱乐。举行活动所需的粮、酒、肉、牺牲等物品由村寨的每户人家平均负担。

在庄稼成熟的六月，要过"曲科尔"节，目的是祈求神佛保佑，庄稼获得丰收。在门隅地区达旺一带，每年在庄稼播种和收割季节都要举行隆重的祭神仪式，同时进行赛马、跳舞等娱乐活动。

错那县勒布门巴族在每年藏历六月庄稼成熟时要过"曲科尔"节。届时，邦金一带和全勒布的人齐聚基巴村，朝拜勒布地区最大的寺庙扎嘎寺和乌坚岭寺。人们在喇嘛和"扎巴"的带领下，背经书、举经幡，围绕村庄和庄稼地转一周，祈求神灵保佑，人丁兴旺，无病无灾，粮食丰收。群众自备酒饭，在地头田间载歌载舞，整个活动进行2~4天。

"曲科尔"节在早期是祈望庄稼丰产而举行的原始宗教祭祀活动，佛教传入后，带上了佛教影响的深深印迹。过去组织领导节日活动的巫师，如今换成了僧人；过去只转地头田间向鬼灵祈祷，如今还要转寺庙求神佛护佑，目的仍十分明确，祈望庄稼丰产。

娱乐性节日

门巴族的娱乐性节日以岁时年节最具代表性。门巴族的年节礼俗丰富多彩，引人入胜。

墨脱地区门巴族过年 墨脱地区门巴族以十二月为岁首。从藏历十一月开始，人们就做过年的准备，如宰杀猪羊，酿酒，做油炸饼，缝制新衣，打扫房屋等等。

大年初一早上鸡鸣第一遍时，全家人就起床，穿新衣，互致问候祝福，每人喝一碗用酥油、奶酪、"邦羌"和鸡蛋煮制的饮料。天明前，全家食肉粥。初一不互访，亲人欢聚一堂，畅叙家常。从初二开始，门巴族以村寨为单位，全村人集中一起，轮流去各家聚餐。轮转的顺序，村人在节前就已民主商定，每户负责一天，也可以两家或三家联合，包管全村人的酒肉饭食。外乡人这时到了门巴村寨，将作为尊贵的客人受到热情款待。全村每户轮流招待，一般的村庄轮转一遍要10多天，大的村庄要转20多天。这期间，欢歌笑语不绝于耳，人们除载歌载舞欢度佳节，举行射箭、抱石、跳高、拔河等体育竞技和游戏活动，整个村寨沉浸在欢乐的海洋中。

切玛

错那地区门巴族过新年 藏历元月初一至十五日为节庆日子。新年前夕，家家户户大扫除，用面粉调成糊状，在门、墙和椽条上面涂各种吉祥图案。十二月二十九日除夕之夜，各家均要喝一种用面团、肉块等9种食物煮的粥，以示生活富足。许多人家还准备一个叫"切玛"的五谷斗，内装炒青稞、糌粑面等

门巴戏举旗的渔翁和鼓钹师

物,预祝来年风调雨顺,五谷丰登。

大年初一清晨,各家主妇争相早起,抢先到平常汲水的地方背回第一桶水,认为新年最早背回的水是雪山顶上狮子流下来的奶汁,象征财富,谁背到第一桶水最吉利。初一合家欢聚,不走亲串户。从年初二开始,人们走村串户,探亲访友,相互道喜。到别人家串门时,妇女必须走在前面先进屋,切忌男子先串门进屋。门巴族认为,新年时来客是妇女,预示着家中猪、牛会多生母畜,是六畜兴旺的好兆头;若第一个来客是男子,则为不吉利,其时的男子属于不受欢迎的人。

节日期间,人们欢聚一堂,唱歌跳舞,还开展多种形式的游艺活动。此外,还有一个大型活动,就是门巴戏的演出。各村寨都有业余戏班,届时演门巴族传统剧目《阿拉卡教父子》和《卓娃桑姆》等,全村不分男女老幼都去观看,甚为热闹。

藏历元月十五日,是整个节日的最后一天,全村男女集体聚会,共同分享各家准备的美味食品。家家房顶上竖立经柱,悬挂经幡,祭天祈福。至此,整个新年节庆结束。

交通运输

门巴族生活的喜马拉雅东部山区地处边陲，高山大川重重阻隔，交通极为困难。千百年来，门巴族人民以其聪明睿智和百折不挠的精神，同大自然进行着英勇顽强的斗争。他们在崇山峻岭和荆棘莽林中砍修出一条条道路，在水深急流的江河之上架设了一座座桥梁。

门巴族传统的交通工具十分简单，无代步工具。运输时，门隅地区门巴族有时使用畜力，墨脱地区门巴族则完全靠人背运。人力、藤筐和竹筐，外加一根"丁"字形手杖，是门巴族外出时常用的交通工具和运输工具。

原始运输
方法
▼

门巴族的背运很有特点。背运货物时，将系于竹背篓或藤背篓两侧的背带从头上挂至前额，以额作受力点负重而行。墨脱地区门巴族的背带用藤条编织而成，编制甚为精巧。门隅地区门巴族的背带则多为皮绳或羊毛绳。外出背运货物时,"丁"字形手杖是不可缺少的。手杖用一根带杈的小木棍做成,手握处钉有一木条做手杖扶手,也有的选用天然树杈砍制而成。行走时,人们右手持杖拄地,以减轻重负和稳定身体,尤其是下坡时适用。"丁"字形手杖还有另外一个用途,就是负重者中途需要休息时,不需放下背筐,将手杖置于背筐底部以支撑,负重者不用弯腰卸载就能得到休息。

在门巴族地区,随处可见各式各样的桥,有竹索桥、独木桥、溜索桥、藤网桥以及门巴木桥,最具特点的是木桥和藤网桥。

◀ 木桥

> **知识链接** **门巴木桥的架设方法** 先在河的两岸倾斜处整平一块坝地,靠近河岸一边略高,远离河岸一边略低。在坝地上与河流垂直方向平摆一排原木,原木亦成倾斜状,约三分之二长的一端在岸坝上,原木用石块压住,另三分之一长的一端悬空。在已平摆的原木上再横向摆一排原木,然后再与底层原木平行叠摆一排原木,比底层原木再向河中伸出约0.5米,靠陆地的一端也用石块压住。依此方法,可叠摆3~4层原木,成梯状。两岸同时相向构筑。最后,在两岸伸出的原木上搭木板,一座木桥就飞架河上了。

藤网桥是一种全由藤条搭建编织而成的呈管状的悬空网桥,多架设在水深流急、河面宽阔、地形险峻的交通要道上。网桥一般高出江面数十米,长度依河面的宽度,短则五六十米,长的有

藤网桥

三四百米，远远望去，一座座藤网桥像一条条凌空飞舞的蛟龙飞腾在大江之上。

墨脱地区著名的藤网桥为背崩藤桥，长约400米；荷让藤桥，长约500米，是墨脱地区最长的一座桥；炯兴藤桥，长约400米；杭约藤桥，长约300米。这些藤桥，不是建造在普通的江河上，而是建在雅鲁藏布江大拐弯

知识链接　藤网桥的建造方法

备料。由于网桥全用藤索所建，需要大量的藤索，门巴族生活的墨脱和门隅地区（尤其是墨脱）盛产野生藤本植物，藤的韧性极强，不易朽折。人们砍伐回藤条后，将藤条一剖为四，削成一根根如毛线一般粗的细藤索，视河面的宽度，那些横架河面做主要支撑物的藤索如长度不够需打结加长，将加工好的藤索一卷卷盘好备用。料备好后，人们即着手建桥，建桥时间通常选在冬春枯水季节。建桥的具体日期确定后，江两岸的村人云集建桥地点，因这是全村的一项重大活动，几乎所有村民都参加。

架桥。先搭建桥体的主干藤索。江两岸的人各自在江边搭一高高的木架，选出力量最大的人，站在木架上将一拴有藤索的带叉的"木爪"同时往江对岸扔，当两个木爪靠近一起时，江水一冲便将两边的藤索缠绕到一起，然后将藤索引向一方拉直，固定在岸边专门栽立的木桩或大树上。主干藤索需搭架4根，上下各两根，平行搭建，藤索间距1.5米左右，每根主干藤索需要近30根细藤索才能缠绕而成。待4根主干藤索搭成后，在下面两根藤索间还要平行搭建数十根稍粗的藤索，做桥的底部，上下主干藤索间也要对称架十余根稍粗的藤索，与桥底的角度接近垂直。这些横架江面的藤索，是桥体的主干，可看作桥体的"经线"。然后，江两岸的人同时用粗藤和细藤与主干藤索密集编织，做桥体的"纬线"，横竖编织的藤索构成了一个个"井"字形网眼，故称"藤网"。为使藤网牢固，每隔3米~5米，用数根粗藤拧成圆形大藤圈，兜护藤网，捆扎在主干藤索上，与桥身交织在一起，以加固藤网和供人休息。人们行走的桥底部用粗细藤交替编织成藤席状，这样，一座藤网桥便建成了。

▲ 钢索吊桥

以南墨脱大峡谷的江流地段上，它们咬山缠岭，飞腾在大江之上，将奔腾呼啸的雅鲁藏布江踩到了脚下。藤网桥的修建，既是门巴族人民高超的建桥技艺的明证，又是一曲征服和改造自然的颂歌。

第五章
宗教信仰

　　门巴族的宗教信仰较为复杂，信奉原始宗教和苯教，也信奉藏传佛教。多种宗教的混融并存，是门巴族信仰习俗的重要特征。

在门巴族的传统信仰体系中，人们既信仰原始宗教和苯教，也信仰藏传佛教，呈现出鲜明的民族特点。

原始信仰

门巴族信仰万物有灵的原始宗教。他们把神秘的灵性和灵魂赋予自然山水、花草树木、鸟兽虫鱼乃至人的生殖活动。直到20世纪中叶，门巴族还处在对许多自然现象无法解释的自然崇拜之中。在他们看来，天有天神，地有地神，山有山神，水有水神，石精树怪、鸟兽虫鱼也都有神性灵气。神山崇拜就是门巴族原始宗教大自然崇拜的最好范例。

上门隅的错那勒布地区，峰峦重叠，群山环绕，娘江曲蜿蜒流贯其间，周围有许多门巴族崇拜的神山：东北面是翁波奔松山，意为"翁波奔神的三兄弟"；南面是东章楠木拉仁波山，意为"连接天界的金刚神山"；西面是兴俄达嘎尔米干山，意为"白神牵白马的神山"；北面是扎玛尔桑珠山，意为"披着红发的桑珠神山"。当地门巴族群众依据山的自然形状想象出各种神来，这些山也就成了各种神的化身。人们在山上都建起圣坛，立起神幡，在固定的季节向神山祈祷，敬献牺牲。

神山

门巴族认为，既然神山是通天之路，为了死后让灵魂升天，就要在生前熟悉通天之路，于是由神山崇拜而产生了"转山"的宗教活动，如墨脱地区门巴族常去转桑朵白日神山、布达次崩神山和衮地宁神山。

人们转桑朵白日神山一般选择在每年的6—7月，但此时只是在围绕桑朵白日山的山下转，每天可以绕山脚转一圈。到了冬天，人们开始爬到桑朵白日山峰上，一天绕山尖转3圈。人们相信转了桑朵白日神山，死后灵魂可以升天。

◀ 漫漫转山路

在"布达次崩"附近还有两座大神山，即热拉次崩神山和嘎达次崩神山，以"布达次崩"为最大。"布达次崩"不仅以大著称，而且神山里还有许多似野牛、野羊形态的大石，其头都朝向山顶。门巴族转布达次崩神山选在每年夏天的七八月，每到这时，不分男女老少，都满怀虔诚前来转山。清晨从山下的"德庆塘"出发，沿着半山腰绕行，只需大半天便能转山一周，夜晚宿于半山腰一个称为"普巴札布"的石崖下。从石崖往上行有一石梯，高15米左右，十分陡峭。相传只要能从石梯攀上去，灵魂就能升入天堂。攀上石级，有一个称为"龙岗"的山洞，洞口狭窄，仅一人可勉强通过。据说诚实善良的人再胖也能钻进，欺诈作恶之人再瘦也难通过。进入洞中，里面十分宽大，洞壁上自然生成的花纹被视为"古如仁波且"的自显"圣迹"，还有虎、豹等动物的印迹。出洞口有一清澈甘甜的山泉，据说喝了此泉水能使人心智明净，祛病禳灾，转山的人都要喝上几口，并设法为因故没能来的亲友捎一些回去。布达次崩神山上有许多五颜六色、奇形怪状的石子儿，还有一种称为"甘萨"的可食的黏土。传说"古如仁波且"曾发愿要用它制成药丸，每人每天吃三颗就能不饥不饿，无病无灾。可是，"古如仁波且"的愿望还

转山路上的经幡

未兑现就升天了。转山的人都要捡一些怪石,带一些"甘萨"泥回去赠送亲友。转布达次崩神山不能只转一圈,要转五六圈。因此,转山一次需要六七天时间。

祭奉的灵石

衮地宁神山又称"衮地颇章",是南则玛拉山上面的山峰。夏天转山一次需要两天,据转过神山的人讲,在该山的密林深处,每到夜晚就会有男女的说话声和笑声,并伴之以砍伐树木的声音。但只闻声不见人,十分神秘,令人敬畏。

神山崇拜产生了许多对神山的禁忌,如不准在神山上大声说话,更不得喧哗;不准砍伐神山上的树;不准搬动神山上的土石;不准在神山打猎等等。

喇嘛林寺的木刻性器

门巴族居民有着在房屋的房梁上或门楣上悬挂男性木制生殖器的习俗,这是门巴族格外崇敬的"房脊神",用以保证人丁兴旺,生生不息。这实际上是原始宗教对男性生殖器崇拜的文化遗存。直到今天,勒布门地区巴族每家的屋脊下都悬挂着一个或大或小的木雕男性生殖器,镇邪驱鬼,以保人丁兴旺,家庭幸福。

苯教信仰

门巴族信仰的苯教是从藏区传入门隅地区的。但苯教来到门隅地区后，并未受到门巴族特殊礼遇，它没有特别的仪式和仪轨，只是挤在原始宗教的祭坛上一同品尝牺牲。人们并不为它单立庙宇，只是在心灵上承认它的存在。不过，苯教拓展了门巴族的信仰观念。他们从苯教那里请来了天神，给原始宗教各霸一方的众神灵找到了最高的主宰。他们接受了苯教"三界"关于时空结构的理论，给原始宗教的"鬼灵"指明了不同的去处。他们把原始宗教的"鬼灵"接纳为苯教神祇成员，同时去接受佛门的思想。门巴族信仰的苯教是与门巴族原始信仰紧密结合的，具有鲜明的民族特征。

门巴族苯教信仰的突出表现在时空的"层格"结构与"三界"观念。门巴族把宇宙分为"九层"：最上面是"天"，"天"有四层，分别为"难科洛支结""撒别玛过结""错耶玛嘎布"和"拉孟"。宇宙最上面的"难科洛支结"层是天盖。天盖由八个花瓣的格块组成，每个格块里都住着神。"撒别玛过结"则形如天与地之间的顶柱，这个顶柱也由八个花瓣状的格块组成，每一个格块里住着一个神。天上住的神即"天神"，称作"拉"。在天的下面是中间部分，包括空间和地面两层，是某些精灵和人住的地方，精灵称作"赞"。宇宙的最下面是地下，有三层，分别为"依达""局松"和"聂哇"。"依达"层住的是人死后刚刚进入地狱的鬼魂。"局松"里是常住在地狱中的鬼魂。"聂哇"层住的是"罪大恶极"者，即生前杀过人或大量杀生的人，死后鬼魂只能常住在宇宙最底层。

与"层格"结构思想相一致的是关于宇宙时空的"三界"观念。在门巴族的信仰观念中，普遍把宇宙分为三层境界，即天上、地上与地下。与之相应的神鬼是"拉""赞"和"鲁"。实际上，门巴族的"层格"结构思想是包含在"三界"观念之中的。

按照门巴族的"三界"观念解释，宇宙的最高层是"天"。天是天神"拉"居住的地方。"拉"是一个群体，居住在"天"

的不同位置。"拉"也可以离开天来到地上,所以山巅也有"拉"居住。宇宙的中间层是空间和大地,是"赞"们居住的地方。"赞"是对鬼灵、精怪和魔鬼的总称。在门巴族的信仰观念中,空间充斥着许多游神厉鬼,山川、峡谷、草木、土石都附着"赞"。他们把附着于石头中的"赞"称作"格波","格波"还有四个方位的守护神,即东方的"格沙格波"、南方的"新基格波"、西方的"鲁旺格波"和北方的"古嘎格波"。大地是人们居住的地方,在人间也有许多"赞"。地下是宇宙的最底层,是"鲁"神居住的地方。人们认为,不竭的泉水、江河、湖泊等都是"鲁"神栖息的处所;花草树木、石头、土丘、鱼、蛇等都是"鲁"神的化身。

在门巴族"三界"的信仰观念中,充斥于天上、人间、地下的神灵、精怪、厉鬼,已不同于原始宗教的鬼灵们各霸一方、各自为政,而是已有了最高的主宰。错那地区门巴族信仰的最高主神是"沙达多赞",墨脱地区门巴族信仰的最高主神是"阿颇多吉扎增"。他们认为,"沙达多赞"或"阿颇多吉扎增"是"拉""赞""鲁"的统领,他们都需要听命于最高主神。主神的出现,实际上是阶级社会等级观念的宗教反映。

门巴族关于宇宙的"层格"结构和"三界"观念,反映出门巴族苯教在继承原始宗教传统基础上已进入了宗教史的新阶段,已有了系统化和体系化的特征。

巫与巫术

巫与巫术,在门巴族原始宗教和苯教信仰中占有重要地位。从某种意义上说,对巫的信仰崇拜和繁杂的巫术活动构成了门巴族原始宗教和苯教信仰的重要特点。

在门巴族信仰体系中,巫的名目繁多,巫术一度十分盛行。但是,自从藏传佛教传入门巴族地区之后,佛光使人眼花缭乱,喇嘛们的尊容令人肃然起敬,使苯教的巫多少有些精神不振,巫术也随之黯然失色。在门隅地区,一些巫洗手不干,一些巫改头换面投入到佛的怀抱。而只有在墨脱地区,门巴族的巫与珞巴族的巫携手联合，仍顽强地坚持着巫的活动。不过，为了保护自己，一些门巴族的巫身兼两职，既是巫师，也是喇嘛，他们往往打入佛门，继续从事巫的活动。

虽然门巴族的巫师种类繁多，但并无实质上的差别。门巴族的巫根据职能的不同，可分为驱鬼巫师和请神巫师两类。驱鬼巫师依据驱鬼方式的不同又分为"顿龙肯"和"巴窝"，多由男性充任；请神巫师依据请神方式的不同分为"巴莫"和"觉母"，女性充任者较多。

"顿龙肯"，全称为"顿龙肯松沃"。"顿"即鬼，"龙肯"是送、弄走的意思，"松沃"是人的意思。"顿龙肯松沃"即"送鬼人"，人们常把主持送鬼的巫师简称为"顿龙肯"。由于人们不明病因，人生病就认为是病人的灵魂被鬼摄去或是触犯了某一精灵所致，这就需要请"顿龙肯"来杀牲送鬼，以求平安。

门巴族巫师

"顿龙肯"送鬼仪式一般是在下午至晚上进行，作法时注重杀牲祭祀，无须特殊穿戴，法器很少，仪式简单易行，多

门巴族巫师

为祈神、送鬼，但祭鬼仪式必须在村外草坝或河溪旁举行。祭祀前，"顿龙肯"将祭物摆放在病人跟前，念咒语后将祭物送到村外的祭地。祭祀时，将所杀鸡或猪的熟肉连同其他食物及生活用品置于地上，表示是给摄人灵魂的"鬼"准备的。祭品准备完毕，巫师念念有词，一边将食物抛撒四方，一边祷告："我们为你准备了丰富的食物和用品，供你享用，望你放回病人的灵魂。""顿龙肯"一边念念有词，一边捉一活昆虫带入室内，放在

病人耳后，说这就是病人的灵魂，已找回来了，病很快会好。

除"顿龙肯"外，苯教巫师"巴窝"的送鬼，则主要是采取巫术手段，是巫术活动的一部分。在门巴人的观念中"巴窝"的法术比其他几种巫师要高，不但能胜任复杂的宗教仪式，而且既能跳神，也能送鬼。门巴族的生产、生活的宗教祭祀仪式，大都延请"巴窝"主持，因而"巴窝"的宗教活动要比其他巫师频繁得多。"巴窝"人数在巫师总人数中占居首位，与其繁忙的宗教活动是有密切关系的。

"巴窝"所进行的宗教仪式较为复杂。病人家要请"巴窝"跳神、送鬼时，祭主家需准备大量的酒肉、食物和祭品。"巴窝"同助手"曲本"到祭家，先喝酒，后吃饭，然后到大河汲水，寻找三个呈蓝色的石头，以备施行巫术时使用。与此同时，助手"曲本"将祭品摆放于搭设的祭台前，火塘中焚烧柏树枝和吉米辛树枝叶。"巴窝"头缠红、白两色头巾，胸前挂串珠，身披沙热神衣，头戴仁安神帽，右手拿双面手鼓，左手持法铃，斜披白布带，祭物供食物和清水，在烟雾弥漫中开始作法。"巴窝"晃动身躯，节奏由慢而快，口中念念有词，进入迷狂状态。病人屋内烧一大锅开水，巫师将烧红的石头投入沸水中，蒸汽弥漫，用树叶蘸沸水洒在自己身上，以示自己是"神体"。同时还在病人身上涂上酥油，然后洒沸水。病人皮肤烫疼了，也不能说话，要忍受。"巴窝"边洒边唱："天上的大雪向我降吧，山谷的大风向我吹吧，妖魔鬼怪跟我来吧，疾病祸灾抛向我吧……"以此表示巫师有震慑鬼怪的气概。念诵中，巫师挥舞长刀，在室内转圈，从室内挥舞到室外，将恶鬼赶走。仪式结束后，在病家门口的木梯旁插置两束新鲜树枝作为标志，在楼上进门处用刺树枝叶搭成拱门状，3天内严禁他人上梯入室，以防带入恶鬼。

"巴莫"全由女性充任，主要职能是祭神。相传"巴

巫师作法 ▶

莫"是坎卓神的化身,天上有一个大神,他的五个手指化成五姊妹,即五个坎卓女神,"巴莫"是其中一位坎卓女神的化身。"巴莫"作法时,身披沙热神衣,头戴仁安神帽,从耳至肩,有扇形的装饰物。作法时手摇小鼓和铃铛,跨八字脚,半步一停,有节奏地转圈,同时左右摇头,摇铃击鼓和演唱,直到仪式终了。仪式一般在白天举行,一次仪式为2—3个小时。

"巴莫"的宗教活动,一般是为进行定期的祭神仪式和给病人跳神。如"奴夏巴"仪式,是迎请欢送赞、坎卓两女神的祭祀活动。每年藏历一二月份迎请,九十月间欢送。尤其在丰收之年,各家各户都要延请"巴莫"来家里举行这种仪式,以求家人平安吉祥,生产丰收。

跳神时使用的乐器——鼓钹

"觉母"的主要职能也是祭神,同时兼事跳神、送鬼。"觉母"作法时,身披一块红色毯状的沙热神衣,头戴3个或9个称作"冗浪"的银制饰物,颈挂串珠,手戴铜镯。在祭台坐定后,先大声"啊"3次,接着念诵咒语,演唱专门的请神曲调。演唱时,全身发抖,近乎迷狂,似与神灵对话。仪式通常从太阳升起时开始,中午结束。举行仪式时"觉母"端坐祭台,不用法器,

神山庙宇内的供灯

寺庙中供奉的阿颇多杰扎增山神像

只念诵和演唱请神咒语,请神毕,再大声"啊"3次即告仪式结束,不杀牲献祭。

上述各类巫师都不脱离家庭和生产,活动范围极小,无寺庙,无定期的宗教节日,也无相互隶属和组织联系。据原墨脱宗14个村寨的统计,共有巫师27人,其中女巫16人,男巫11人。在门巴族的传统宗教活动中,女性依然享有着崇高地位,这正是门巴族民间宗教具有浓厚的原始性特征的鲜明表现。

藏传佛教

藏传佛教的宁玛派、噶举派和格鲁派在门巴族地区都有影响,但以宁玛派和格鲁派传播最广,影响最深。

宁玛派是最早传入门隅地区的一个佛教教派,如果把莲花生作为宁玛派的开山祖师,那么早在吐蕃时代中期(8世纪)宁玛派就在门隅地区有所传播。然而,宁玛派作为一个佛教教派出现

背崩村民信仰的佛塔

是在后弘期，宁玛派传入门隅地区的时间一般认为是在11世纪左右。其时，宁玛派活佛德尔顿·白玛宁巴从主隅布姆塘来到门隅地区的"降喀"（在达旺附近）传教，得到了当地头人的支持。其后，乌金桑布（德尔顿·白玛宁巴胞弟）也来到门隅地区，与当地土王楚卡尔娃之女多吉宗巴成婚。乌金桑布在"降喀"的索旺一带建了乌金林、桑吉林和措吉林3座宁玛派寺庙，此地因此被称为"拉俄域松"，意为"三神地"。他还在原噶拉旺波土王王宫所在地"满扎岗"（今达旺）为门巴族信徒授以"马头金刚灌顶"，当地百姓纷纷接受教化，皈依佛法，地名也由"满扎岗"改名"达旺"。此后，乌金桑布在拉俄域松群众和白林施主的帮助下，在灌顶的地方建立了达旺寺。乌金桑布终其一生在门隅地区传教，最后圆寂于乌金林。他的后代一直在达旺一带传教和执掌宗教事务。

◀ 供品

藏传佛教噶举派传入门隅地区当在12世纪。噶举派支系众多，素有四大、八小之分。据藏文历史文献《青史》记载：1146

喇嘛林寺

供品 ▶

年前后，噶玛噶举派僧人都松钦巴（1110—1193）曾到门隅地区游历传教，他到过夏雾达郭地方，并做了门隅土王卡通的供奉尚师。对门隅地区影响较大的是噶举派帕竹噶举的主巴噶举支系。主巴噶举中的下主巴创始人为洛热巴旺秋尊追（1187—1250），他曾到主隅布姆塘地方建立了塔尔巴林寺，传播噶举派教法。主巴噶举派势力一直很强，在主隅地区占有重要地位。17世纪初，阿旺南杰从西藏来到主隅地区，整合了互不统属的噶举派力量，形成了"南主巴"新的支系，并掌握了不丹的政教权力。主隅地区属古门隅的一部分，主隅地区的噶举派势力必然对门巴族的宗教信仰产生一定的影响。

藏传佛教格鲁派是最后兴起的一个教派，创始于15世纪初，到16世纪中期便形成一个势力强大的宗教集团。17世纪中叶，五世达赖喇嘛阿旺·洛桑嘉措成为西藏的政治宗教领袖之后，为了加强对门隅地区的统治，弘扬格鲁派，任命梅惹·洛卓嘉措为门隅地区的政教首领，管理门隅的政教事务。梅惹·洛卓嘉措喇嘛重返桑梓后，得到当地土酋德巴·索卡尔娃和家乡人民的崇敬。

喇嘛林寺
佛塔 ▶

为了查清门隅的户口，梅惹·洛卓嘉措令土酋德巴·索卡尔娃晓谕百姓，每户缴献一个鸡蛋，共得鸡蛋3 000个，故查得门隅户口为3 000户。为了加强对门隅地区的宗教和行政管理，梅惹·洛卓嘉措喇嘛便着手改造和扩建达旺寺。

达旺地区，位于门隅中部的章玛河谷，由于气候温和，物产富饶，风景优美，门巴人把这里比喻成"松耳石玉盘"。那里因有一块地方形似宝塔，便被人称为"曼扎岗"（形似宝塔的台地）。传说在

擦擦

噶拉旺波土王统治时期，在此建有宫室。宁玛派高僧乌金桑布在离曼扎岗不远的降喀索旺地方修建了属宁玛派的桑吉林、乌坚林和措吉林三座小庙。同时在曼扎岗山冈上修了被当地人后来所称的"达旺寺"。梅惹·洛卓嘉措喇嘛到了门隅地区后，肩负着弘扬格鲁派和管理门隅政教事务的重任。他首先改造影响较大的宁玛派寺院达旺寺，使之成为格鲁派在门隅地区的政教中心。1656年，五世达赖喇嘛令西藏地方政府委派两名"拉涅"（总管），协助梅惹·洛卓嘉措喇嘛管理门隅的行政事务。在错那宗地方官员和门巴族群众的大力支持下，达旺寺的改造和扩建工作进展顺利，将一个只有几个喇嘛的宁玛派小寺扩建成了格鲁派在门隅地区的最大寺院。扩建后的达旺寺主体是一高大的白色建筑群，规模宏大，布局完整，僧舍林立，平时可容纳僧人500名，多时可达700名，成为门隅地区政教和经济文化的中心。

从此以后，格鲁派势力在门隅地区各地得到了很大发展，达旺寺下属的寺庙就有打陇寺、沙丁寺、多烈寺、江袁尼姑寺、同门寺、根母寺、扎玛东尼姑寺、僧松尼姑寺、乌吉林寺、桑省林寺和春定寺等。

随着佛教寺院的建立，寺院有了频繁的宗教活动。门隅寺院的宗教活动与藏区相同教派的活动无大的差别，如达旺寺，便仿照拉萨的传昭大法会或其他法会形式进行。每年的主要活动有传

庙宇内的唐卡

大昭、慈尊佛圆寂灯节、宗喀巴圆寂灯节、集密佛金刚怖的修法仪式、达旺法会等。墨脱地区寺院（庙）的宗教活动则有浓郁的地域和民族特点，主要是吸收了原始宗教和苯教的某些神祇、礼俗和仪式，如主巴大法会，是墨脱地区各寺庙一年中最大的宗教活动，也是最隆重的宗教节日。

从佛教在门隅地区开始传播到格鲁派在门隅地区取得统治地位，经历了长达近千年的漫长过程。佛教的传入，深刻地影响了门巴族社会和门巴族的传统宗教信仰。

门巴族地区的藏传佛教具有鲜明特征，集中表现在佛苯的杂糅与共存。

佛教未传入门巴族地区之前，门巴族信奉的是原始宗教和经过改造后的苯教。佛教传入后，门巴族原始宗教和苯教信仰并未因此而消失，而是与佛教杂糅共存，成为门巴族共同的信仰。

佛苯的杂糅与共存，集中表现在两个方面：

第一，门巴族原始宗教和苯教的神祇，站进了佛教神祇的行列，步入了佛堂庙宇，受到人们的供奉和朝拜。门巴族有着种类繁多的原始宗教和苯教神祇，掌管着人们的福祸、生死。佛教传入后，它们也没有被人们冷落和轻视，而是被人们恭敬地请进了佛的殿堂，同佛祖菩萨们一道受纳人们虔诚的朝拜和祭献。门巴族崇拜的野牛精灵、野猪精灵和猎狗精灵，被人门供奉于佛堂。当寺庙举行重要法事和大型跳神活动时，人们要将这些精灵与佛祖菩萨们一道从佛堂请出，在同一个神圣祭坛上按部就座，平等共处。跳神舞时，既有扮演佛祖菩萨的角色，也有扮演自然精灵的角色，不分彼此，同台共舞。门巴族崇拜的生殖大神"旺久钦波"，不仅是住在每家每户房檐上的尊神，神圣的佛殿中也有他的位置，门巴族的每个寺庙，都要请"旺久钦波"守护，以避邪祟。可见，"旺久钦波"已成为佛之净土的重要神灵，供人祭奉。这种佛堂殿宇和民间都供奉生殖大神的习俗，直到今天仍完整地保留着。1992年年底竣工的由门巴族喇嘛曲尼出资、设计并主持修建的桑多白日寺，仍保留着门巴族佛寺神灵供奉的古老传统，在寺院山门前也供奉着两对木制的男女性器。"曲尼"，系墨脱地区宁玛派寺院德儿工寺著名的顿炯活佛的女婿。

第二，门巴族巫师同佛教喇嘛地位平等，不分轩轾。在门巴

"洛新"——祭祀之地

飘舞的经幡

这只是一个民间传说中的避邪标志
AGAINST BAD DEAMON

喇嘛林寺的木刻性器

第五章 宗教信仰

祈福的经幡

勒布门巴族神湖

族社会中，巫师和喇嘛都备受人们的尊崇，享有崇高的地位。巫师和喇嘛之间，互不排斥、攻讦，而是常常聚于一处，共同主持仪式，各显自己的神通，如墨脱地区门巴族每年2月的集体祭地仪式，巫师和喇嘛都要出席，通常由喇嘛念经，巫师跳神作法。又如每年12月或元月祭祀山神"阿颇多吉扎增"的跳神活动，也是巫师和喇嘛并肩共舞，以求得山神的欢颜。若遇到天灾人祸，如地震、水患、瘟疫、虫灾、雹灾时，巫师和喇嘛往往也联合行动，以祈福禳灾。甚至在日常宗教活动中，如某人久病不愈，巫师或喇嘛单独行动效果不佳时，往往应邀前往，携手合作，共同"会诊"：由喇嘛卜卦，巫师跳神。群众对苯教和佛教无高下之分，对巫师和喇嘛无优劣之别，巫师和喇嘛之间亦无门户之见，这反映了门巴族宗教信仰的佛苯融合的特点。这一特殊的文化现象的形成，是由门巴族的复合社会形态决定的。西藏民主改革前的门巴族社会，是封建农奴制与原始村社并存的一种复合社会形态：一为门巴族内部的社会结构是原始社会末期的农村公社，地缘组织的村社取代了血缘组织和氏族，生产资料的村社公有制取代了氏族公有制，并与普遍存在的个体家庭私有制并存，村社成员内部贫富差别不大，没有等级划分和阶级对抗；另为在外部关系上，门巴族又处于封建农奴制的统治之下，西藏三大领主占有门巴族主要的生产资料和部分人身自由，三大领主和门巴族之间的关系是占有和被占有的关系，整个门巴族都是三大领主的农奴。正是这样一种复合社会形态，才出现了门巴族原始宗教信仰、苯教信仰和佛教信仰并存互融的现象。

在藏传佛教的诸多教派中，先后有三大教派相继传入门隅地区，这就是宁玛派、噶举派和格鲁派，虽然噶举派和格鲁派在门隅和墨脱地区都有一定的影响，但影响最大、最受门巴族欢迎和推崇的则是宁玛派。门巴族特别推崇和信奉宁玛派，有其突出的表现：

第一，门巴族地区的佛寺绝大多数都是宁玛派寺院，僧人大

仁钦崩寺

仁钦崩寺的经书

仁钦崩寺的经幡

仁钦崩寺的宗教面具

都是宁玛派僧人。在门隅地区，除达旺寺及其少数属寺为格鲁派寺院外，其他的寺院（庙）均为宁玛派寺院（庙），就连紧邻格鲁派势力范围的勒布地区的13座寺院（庙）也归属宁玛派。其中，札嘎寺、乌金林寺、白日衮寺、札南多杰林寺、扎西曲林寺、桑丹曲林寺等6座宁玛派寺庙，又同为错那宗格鲁派大寺院贡巴则寺的属寺。在墨脱，全地区大小38座寺院（庙），无一不属于宁玛派，所有僧人也都属于宁玛派。门巴族地区的寺院（庙）还有一个特点，就是许多寺院（庙）是个人筹资所建，寺庙为寺主所有，而不是村民公有或寺庙喇嘛公有。寺主对寺庙的扩建、命名及全部财产享有支配权，其后裔有对寺庙财产有继承权，寺庙采用父传子继的方式管理和维系。寺庙还需向主寺和官府缴纳赋税和承担差役，这一现象也是在藏区寺院中少见的。

第二，门巴族佛寺供奉的是莲花生。在门巴族僧人和群众的信仰中，莲花生地位最高，最受尊崇。门巴族有大量的神话讲述莲花生的事迹，有大量的关于莲花生的圣迹受到人们的朝拜。门巴族宁玛派信徒日常修习的是德尔顿·白玛宁巴的教法，德尔顿·白玛宁巴在藏传佛教的众多高僧大德中，地位并非显赫，但是，在门巴族宁玛派信徒的心目中，则是仅次于莲花生大师的佛教高僧，享有崇高的威望。门巴族修习的所谓德尔顿·白玛宁巴教法，大都是一些祈福禳灾的密咒和祷文之类，不重教理，不尚经典，这正是与门巴族原有的宗教信仰心理相契合，是似曾相识而又喜闻乐见的。而格鲁派严格的清规戒律和经典教条与他们传统的宗教信仰格格不入，因此难以为他们所接受。

从藏传佛教在门巴族社会的传播过程中可以看出，当藏传佛教进入门巴族社会，它已经过了门巴族传统宗教文化的取舍、调和、融合和改造，发生了内容和形式上的变化，逐渐整合为一种新的文化体系。

第六章
文学艺术

门巴族文学艺术是我国文化宝库中一颗璀璨的明珠,有丰富的神话和传说;最具特色的寓言故事和生活故事,反映民族心理、生活习俗和愿望的"萨玛"酒歌与《仓央嘉措情歌》。这些独具特色、体裁各异的文学作品具有鲜明的民族风格,再现了门巴族灿烂的历史和多彩的社会风貌。

门巴族在长期的历史发展过程中，创造了丰富多彩的文学艺术形式。门巴族民间文学有神话、传说和故事，有反映民族心理、生活习俗和愿望的"萨玛"酒歌，有反映男女爱情的情歌，还有反映生产与生活的叙事诗以及民间戏剧等。门巴族既有丰富多彩的民间文学，还有受到广泛赞誉的作家文学，《仓央嘉措情歌》便是享誉世界的著名古典诗歌。这些体裁广泛的文学作品，具有浓郁的生活气息和鲜明的民族风格，许多作品揭示和反映了门巴族悠久的历史和广阔的社会生活。

已整理出版的部分门巴族文学作品

语言文字

门巴族无本民族文字，通用藏文，门巴语属汉藏语系藏缅语族藏语支。门巴族各地方言差异较大，按门巴族的习惯分法，可分为达旺话、德让话、勒布话和黎话。达旺话在门隅地区门巴族中使用广泛，是门巴族的"普通话"。德让话分布在门隅地区德让宗等地，它与墨脱县自称"主巴"（今不丹）的门巴族使用的仓洛话相通。勒布话主要分布在错那县勒布区等地，它与墨脱县自称"八米巴"的门巴族使用的八米话相通。黎话分布在德让宗以南地区。由于历史上门巴族和藏族之间往来密切，藏族文化对门巴族文化产生了深刻影响，门巴语与藏语有许多共同点，语法与藏语相同，且使用较多藏语借词，尤其是宗教、天文、技术等词汇，多数借用藏语，借词约占门巴语30%以上。门巴族广泛使用藏文，部分人懂藏语。

神话传说

门巴族曾有着丰富的神话与传说，由于没有文字记载，现在保存下来的作品很少，并且或浓或淡地带有阶级和宗教的色彩。但是，在这些流传下来的作品中，仍能反映出门巴族人民奇妙的幻想和征服自然、改造社会的斗争精神。门巴族神话传说主要有《猴子变人》《镇压妖女》《吉萨格莱战妖魔》《房脊神》等；还有讲述娘江曲、达旺曲和普龙曲的《三兄弟河》；讲述空行母却吉桑木和猎人冬顿的《却吉桑木和冬顿》，神奇木匠《皮休嘎木》《那嘎湖》《白马兄弟与色》《马桑尔辛格烈学僧除妖》《遗留下来的号角》《色目人镇妖》；还有颂扬行善积德、鞭挞贪欲的《汤纠嘎布当上吉波》《她为一袋麝香丧命》等。

《镇压妖女》是流传在勒布地区的神话。神话中讲述：

传说在勒布地区有一个村庄叫色目村，这里山明水秀，居住有一百多户门巴人。一天，一个妖女也看中了这块地方，她跑到这里兴风作浪，危害村民。人们非常愁苦、烦闷，想方设法铲除这个妖女。于是，村民们齐心协力，在妖女的脑门儿上建了一座寺庙，名为"辛古寺"，还立了一根有18人高的旗杆，插在妖女的心脏上，又建了四座高塔分别压住妖女的四肢，从此镇住了妖女。

这篇神话虽然蒙上了浓厚的宗教迷雾，但拨去宗教的迷雾，我们仍可感受到古代的门巴族人民依靠集体的力量，同心协力与外部敌人顽强斗争的豪迈气概和乐观精神。

《房脊神》是门巴族流传很广的生殖崇拜神话。神话中讲述：

很早很早以前，人们都住在山洞里和树枝上，像鸟兽一样。有一年，一个聪明人在人间第一个盖起了一间方方正正的房子。看着他盖好了第一所房子，左右邻居有的为他祝贺，有的因此气愤，有的心生妒忌。

天上的神仙"旺久钦波"知道这件事以后，心想，人间虽然有了房子，但这么多人说东道西，怎么能吉祥呢？

"旺久钦波"有个儿子，只有生殖器，没有身形，"旺久钦波"对儿子说："你是天地间最高贵的，你应该到人间去，把幸福和吉祥带给人间。"又说："人世间有了第一间房子，你去了以后，就待在房梁上。如果有什么邪气你可以看到，就把邪气消除，如果有什么坏话你可以听到，就把坏话制止。"

"旺久钦波"的儿子来到了人间，待在新房的房梁上。从此，气愤的人消了气，妒忌的人不再妒忌，左右邻里和和睦睦。房子的主人家，人丁兴旺，儿孙满堂；猪肥牛壮，布满山冈；五谷丰登，粮食满仓。

自那时起，人们都学着盖起了房屋，不再住山洞和树枝了。房子盖好后，都要请"旺久钦波"的儿子来守护房屋，赐给幸福和吉祥。

在解释神话中，有许多作品是借助于想象以解释自然现象的，如《那嘎湖》就是对自然环境和地理形势的幻想解释。神话中讲述：

很久以前，勒布地区"麻玛"这个地方被群山环抱，山势上抵天庭，下至地府，周围缝连，形成桶状。四面八方的水都流向这里，于是有了那嘎湖。湖水越积越多，湖面越来越高，威胁着天庭、地府。这样下去可怎么得了！有一天，空行母却吉桑木让来到这里，用他的拐杖劈开了东面的乌坚学山，又向南挑出了一条深沟，把湖水引向了南方。从此，那嘎湖不见了，变成了由东转向南，奔腾呼啸的江水，这就是今天的娘江曲。

如果说门巴族神话主要反映了古代门巴人对自然现象幻想性的解释，那么门巴族传说，则直接表现了与大自然抗争的氏族英雄和能工巧匠，更多地具有现实社会的内容。《皮休嘎木》就是一篇具有代表性的作品。传说中讲述：

传说中的皮休嘎木是门巴族有名的工匠和桥梁建筑发明家。他有一个儿子跟他学手艺，刚学到了一点就满足了，觉得自己有很大的本事，不想再继续学下去了。

有一天，皮休嘎木对儿子说："我们父子俩各自做一对飞翼，我们驾着飞翼到天上去，看谁升得高，又能降得下，怎么样？"不等父亲说完，儿子十分自信地答道："好，比比看。"飞翼做好了，父子各自驾着自己做的飞翼腾空而上，简直像两只高翔的白鹤。儿子确实飞得比父亲还高，在天空中哈哈大笑，十分得意。

开始下降了。皮休嘎木把安装在木羽上的木钉摘下一个便降落一段；又摘下一个，再降落一段……木羽不断减少，皮休嘎木慢慢地降落，终于平稳地降落在了地面上。可是，儿子在天空中转来转去，怎么也降不下来。眼看着父亲降到了地上，他着急了，心慌意乱，不知如何是好。他一下拔掉了双翼，像一块石头一样从天上落了下来，摔死在了地面上。

传说中的皮休嘎木是一个充满智慧、手艺高超的巧匠，是有着无穷智慧和创造精神的门巴族劳动人民的化身。传说不仅反映了古代门巴族人民的美好追求和企盼，同时也是对类似皮休嘎木儿子那样狂妄的人的嘲讽，具有深刻的寓意。

民间故事与叙事诗

民间故事

门巴族民间故事最具特色的是寓意故事和生活故事。

门巴族的寓意故事以动物形象为主，通过对动物体貌和习性的典型描述，并加以人格化，以此揭示现实生活中的人际关系，批判道德丑行，幽默与讽刺是其主要倾向。

《猪和狗的对话》勾画出一头猪自鸣得意的奴才相：

狗不停脚地进到主人的屋子里去。猪有些纳闷儿，问狗："你进进出出的，看到主人们在忙着做什么了吗？"

狗说："主人正忙着做佛像，忙着做酒，准备祭祀呢。"

猪听了以后高兴地说："那太好了，主人做酒，我就有酒糟吃了。"

狗笑了笑，说："你等着到菩萨那里去吃酒糟吧。"

猪听了以后，得意地哼哼着睡着了。

门巴族有以猪做牺牲举行祭祀的习俗。这篇故事以十分精练的语言，通过对猪习性的描写，深刻地揭露了死到临头仍不觉悟的奴才嘴脸。

门巴族的生活故事主要是以真实人物和现实事件为直接对象，直观反映现实生活中的矛盾和斗争，但与此同时又兼具一定的幻想性和神奇性。在残酷的现实生活中，与外部世界的斗争中，人们尚不能取得完全的胜利，悲剧时有发生，人们只有在幻想中自由创造，表达自己的愿望和对胜利的憧憬。许多生活故事中人、神同时出现，人间、鬼域的描写相映成趣，因而使故事具有很浓的神话色彩。不过，生活故事中的主人公原型总是现实中不幸的劳动者。

叙事诗

门巴族叙事诗，门巴语称为"卓巴古鲁"，意为"牧人之歌"，是由古老的牧歌发展而来。门巴族叙事诗采用分章体的形式，每章又划分若干结构相同的诗节，铺陈浩迭，容量丰富。

《太波嘎列》是一部在门巴族群众中流传久远影响广泛的作品。这部叙事长诗是门巴族人民在长期的劳动生产实践中创作出来的。全诗按内容可分为十四章（部分），四百多诗行。叙事诗塑造了一个带有浓厚神话色彩的人物——太波嘎列：

相传主人公"太波嘎列"是门巴族的牧业始祖。他家境贫苦，很小就失去了父母，流落山野与群兽为伍。后来，他到了白玛拉姆湖边，见到了神鹏"拉加贡姆"在沙滩上生了3个蛋，蛋变成了黑、白、花3种毛色的牛。他牵回了黑牛，从此门巴族有了牲畜和牧业。

> **知识链接**　《太波嘎列》十四章分别是：《召唤歌》《神牛歌》《引牛歌》《牧牛歌》《四美歌》《四饰歌》《搭帐篷歌》《搭灶歌》《拴狗歌》《挤奶歌》《打酥油歌》《迁徙歌》《欢歌》《诵歌》。

全诗从人们对"太波嘎列"的召唤祈求开始，详细叙述了神牛的降生、牵牛、放牧、搭帐篷、修炉灶、拴狗、挤奶、打酥油、迁牧场等情节，生动而形象地反映了门巴族牧业生产劳动的全过程，具有浓厚的写实性特征。叙事诗反映了"太波嘎列"不畏艰险，百折不挠的英雄气概，是一部门巴族牧业时代的英雄史诗。

"萨玛"酒歌与情歌

门巴族是一个富有诗意的民族。千百年来，门巴族人民把生活中的悲痛与欢乐、苦难与幸福、理想与追求、憎恨与钟爱，都化作一首首诗歌，洒向蓝天和大地。门巴族诗歌形式多样，既有民间歌谣，又有作家诗歌。

"萨玛"酒歌

在门巴族民间诗歌中，"萨玛"酒歌是一个很重要的歌体，是门巴族民间广泛流行的抒情短歌。

"萨玛"酒歌分独段体和多段体两种，以多段体居多。在结构上，一般一首完整的多段体诗为3段。每一段的诗行数目是一致的，较多的是由3行或5行构成一个诗段。每一诗行多由6音节或9音节构成，形成等音节句式，也有7音节或8音节构成一诗行的。这种7音节或8音节构成的诗行，在一个诗段中，往往与6音节、9音节诗行参差排列，形成长短句式。

"萨玛"酒歌的节奏主要是通过停顿来体现，每一诗行虽然音节数目有时不等，但其停顿是有其规则的，顿律通常为3顿，且每一顿的音节数一致。

> **知识链接** "萨玛"酒歌流行于门隅地区，最初多用于婚礼、节日等喜庆和欢乐的场合，因此曲调欢快。在渐次的发展中，门巴族群众在集体生产劳动、远行和其他场合也唱"萨玛"。"萨玛"酒歌所反映的题材广泛，涉及政治、经济和社会生活的各个方面。

在"萨玛"酒歌中，有的是对家乡秀丽山河、土地的赞美，如《萨玛·家乡》《萨玛·白鹤歌》《宝贝》等。广为流传的《白鹤歌》中把自己的家乡比作"从九天之上降临的白鹤"，歌中唱道：

白鹤啊，你展开的左翼，
伸向那巍峨的金刚山。
祝愿啊，人生吉祥，
寿比金刚山绵长。

白鹤啊，你展开的右翼，
伸向那茂密的檀香林。
祝愿啊，子孙后代，
多比檀香林还密。

白鹤啊，你华贵的头颅，

高枕那耸立的雪山上。
祝愿啊，人类崇高，
好比雪山峰雄伟。

白鹤啊，你晶石般的双眼，
朝向那门巴的屋中央。
祝愿啊，财宝不尽，
璀璨和日月辉煌。

白鹤啊，你红火的两爪，
屹立在肥沃的土地上。
祝愿啊，稼禾丰硕，
仓满大地难放。

白鹤啊，你行云般的尾尖，
伸向那奔腾的娘江曲。
祝愿啊，门族昌盛，
绵延似江河水长。

这首歌以丰富的想象，热情地赞颂了家乡的富饶和秀美，并对家乡的人们寄予衷心的祝福，感情饱满而真挚。

有些酒歌，通篇借喻，以象征的手法，表达了对亲朋好友常聚不散的渴望，如《挽留》：

高山上堆积的白雪，
是巍峨的高山的装饰，
莫融化啊，请你们再留三年。

深谷里美丽的鲜花，
是秀美的深谷的装饰，
莫凋谢啊，请你们盛开三年。

家乡的俊美少年，
是可爱的家乡的欢乐，
莫远去啊，请你们长住不散。

有些酒歌，在对欢聚的热烈场面的描述中，饱含的是对团结、友爱的歌颂，表现了对民族生存、自强和兴旺的祈愿与祝福，如《欢聚》：

智者贤良啊来自四方，
今天欢聚啊同坐一堂；
金子灿烂如太阳般地美，
欢聚之乐胜过金子闪光。

沸腾的方屋啊火烈情浓，
欢乐的太阳啊心中起升；
举觞痛饮吧恩重的双亲，
欢歌起舞吧亲密的友朋。

高举玉觞吧满饮三杯，
放开音喉吧高唱酒歌；
心中的话儿尽意地说，
欢乐的歌儿尽情地唱。

痛饮美酒吧今晚最香，
倾吐知心吧奉献衷肠；
有酒不饮又待何日醉？
有话不说又待何日讲？

良辰美景啊何时能再来？
亲朋挚友啊何日再相聚？
愿今日相聚永不分离，
愿明年今日重逢此地。

西藏和平解放和民主改革以后，获得新生的门巴族人民，又用"萨玛"歌体创作了许多歌颂党和新生活的作品。

情歌

情歌也是门巴族的重要歌体。在门巴族民间，蕴藏着极其丰富的情歌作品，门隅地区更是有着"情歌之乡"的美称。

门巴语称情歌为"森木能古鲁",意为"心中的歌",是门巴族青年男女爱情生活的真实反映。有的表达男女双方互相倾慕、爱恋的炽烈情感,有的表现对爱情的忠贞不渝,有的表达对情侣的痴痴思念。反映出门巴人民淳朴的道德品质和对权势者强取豪夺的愤怒,从而揭露不合理的现实,抒发由于爱情悲剧引起的苦闷与忧伤。情歌触及爱情与婚姻乃至社会生活的各个方面。

门巴族情歌是从"萨玛"酒歌中分化出来而形成的一种独立的诗歌体。门巴族情歌多为独段体,句法整齐。基本结构为每首4句诗行(偶尔有6句或8句诗行),每句6个音节,分3顿,每顿均两个音节。门巴族情歌结构短小,易唱易诵,音韵铿锵,节奏鲜明,多用比兴手法,形象鲜明,有很强的艺术感染力和表现力。

绝大部分情歌作品,强烈地表达了男女双方互相倾慕、爱恋和思念的真挚情怀,抒发细腻入微而又诚挚深厚的内心感受。如:

百颗星斗中间,
唯独金星耀眼;
百个姑娘中间,
唯有措姆最贤。

在这些情歌中,或是以比起兴,或是反衬烘托,感情表达得淳朴诚挚。有的则表达了对爱情的忠贞不贰,至死不渝。如:

木料也有雌雄,
已经榫合紧密,
我劝木匠罢手,
利斧也难分离。

歌中采用比喻和夸张的手法切实地表达了忘我的痴情。还有些情歌,抒发了由于爱情悲剧所引起内心的苦闷与忧伤。如:

雨云既聚又散,
泉水既清又浊;
渴望春雨不降,
杜鹃忧忧悲伤。

仓央嘉措情歌

在门巴族文学发展史上,仓央嘉措情歌占有极为重要的地位。仓央嘉措情歌,有60首左右。现有木刻本和手抄本传世,是西藏妇孺皆知的歌谣,在门隅和藏区一般人都能唱诵若干首甚至数十首。为什么藏族和门巴族人民都十分喜爱他的诗歌?主要是他创作的情歌具有深刻的大众性。由于仓央嘉措自幼生活在民间,又出身贫寒,对人民的疾苦深为了解。他过惯了无拘无束的自由生活,对藏传佛教格鲁派的禁欲主义和等级森严的封建农奴制不满。早年他在错那宗贡巴则寺学经期间,就常到屠夫居住的雪夏地方,同被视为最下等人的屠夫和姑娘们来往交友。他在一首情歌中写道:

仁僧仓央嘉措,
哪管骨头高低。
骨头高等何用,
不能熬粥充饥。
我爱漂亮少女,
雪夏帕卓家里。

作为门巴族天才诗人的仓央嘉措,深受门巴族民间情歌的感染和熏陶。他吸取了民间文学的丰富营养进行创作,使他的诗歌臻于完美。他的诗歌,不仅在格律、艺术手法和风格方面保持了门巴族民间诗歌的特色,在取材和思想倾向上也吸收了民间诗歌的营养。他的一些诗作,就直接脱胎于门巴族民间情歌,在格律、艺术风格上都保持着门巴族情歌的特色,节奏强烈,音韵铿锵,词曲相配,典雅优美。再加上诗人深厚的文学功力,那奇特的构思,形象的比喻,凝练传神的语言,蕴含悠远的意境,使情歌具有独特的艺术魅力。

从那东山顶上,
升起皎洁月亮。
美丽姑娘面庞,
浮现在我心上。

在诗人的笔下,故乡是美丽和迷人的,故乡给他留下了许多难以忘怀的美好记忆,这种对故乡门隅的深厚感情贯穿于诗人的一生。故乡人民更没有忘记仓央嘉措这位门巴族的杰出儿子。几百年来，门巴族人民深深怀念仓央嘉措，代代传颂着他的事迹，传唱着他的诗歌，人们无不为本民族出现了仓央嘉措这样的诗坛巨星而无比骄傲和自豪。

舞蹈、音乐、戏剧

舞蹈

门巴族的舞蹈也颇有特色，民间流传的门巴族舞蹈可分为宗教舞蹈和习俗舞蹈两类。宗教舞蹈因宗教活动需要而产生，是宗教仪式的组成部分，是人们虔诚信仰的表现，属膜拜型文化。习俗舞蹈是人们在生产劳动和日常生活中创造的，属世俗型文化。在实际生活中，宗教舞蹈和习俗舞蹈相互影响、相互渗透，构成了门巴族斑斓夺目的舞蹈风采。

跳"巴羌"

宗教舞蹈　门巴语称为"巴羌"（又译为"拔羌姆"），意为"神舞"。但在门巴族各村寨，还有不同的称呼。勒布地区的吉巴村称其为"热那"，因传说"巴羌"是一名叫作"热那凌巴"的喇嘛创造而得名；斯木村称其为"染卓"，意为"缘分"，跳法有差异,伴奏也不完全相同。

"巴羌"有着悠久的历史,其源头可追溯到原始的图腾舞和巫舞。在苯教兴起时期,"巴羌"成为苯教巫师慑鬼、媚神的舞蹈。藏传佛教传入门隅地区以后,"巴羌"成为佛事法会和其他宗教活动场合的仪式性舞蹈,表演佛教的神话、经变以及护法等故事。

"巴羌"由若干具有不同内容的舞蹈作品组成,主旨是为了获得神灵感应,表达了浓厚的宗教情感。

◀ 跳"巴羌"

◀ 跳"巴羌"时使用的乐器

在门巴族的"巴羌"中,许多舞蹈是模拟鸟兽形象的,诸如:

"谢羌",意为"鸟舞"。两人化装一公、一母的雉鸡形象,公雉鸡头有两角,红冠,以氆氇为材料扎制双翼,做腾飞之势;母雉鸡无角。双鸟嬉戏有欢爱之情。门巴族的"谢羌"可能起源于原始社会的鸟图腾崇拜,并包含有爱悦和生殖的观念。苯教产生和佛教播扬之后,"谢羌"增加了巫师赶鸟、杀鸟以供牺牲的内容,以表示向天神和佛祖祭祀。

"帕羌",意为"猪舞"。一人戴木制的猪面具,全身黑衣,围镶蓝边的黑围兜,腰系镶有海贝的腰带,两手操"热巴"(红发饰,象征魔鬼的红头发)。表演时,头向后仰,狂舞。演出"帕羌"是为祭祀土地。

"东金羌",两人表演,一人戴猪面具,装扮成猪形象;一人戴黄牛面具,宽袖红袍,袖口红白相间,装扮成黄牛形象。两人表演时,均手持长刀,头顶"热巴",做与魔鬼搏斗之态。门巴族神话中说,最初有魔鬼在土地上兴风作恶,降灾于大地。后来猪、牛诞生,与魔鬼战,驱赶魔鬼入地府,保护了土地上的安宁。"帕羌"和"东金羌",可能是源于原始的图腾神话。

"甲穷羌",意为"大鹏舞"。两人表演。一人戴骷髅面具,扮恶魔;一人扮大鹏,红羽,鹰嘴,头有两角,披散无数长辫。表演时,大鹏与魔鬼做搏战之状,旋即,恶魔倒地,大鹏叼食恶魔,以表示歼灭恶魔,取得胜利。大鹏形象,在苯教和佛教中均被神化,称作吉祥神鸟,"甲穷羌"即为祈愿吉祥如意。

演出"巴羌",均用鼓、钹伴奏。鼓点有6种,即二鼓、三鼓、五鼓、七鼓、九鼓、大九鼓。

"巴羌"的基本动作有十余种,主要的有左右转、向前行礼、左右弓步、平脚顺抬、金刚铁勾、云手抬山羊腿、交叉金刚杵、甩肩等,动作富有粗犷而肃穆之感。舞蹈队形变化较多,如顺时针圈、逆时针圈、内收圈、羊肠形、两横交叉形、八角形等。

如今,基巴乡和贡日乡的"巴羌"已经列入国家非物质文化遗产名录,正得到全面的抢救和保护。

习俗舞蹈 除宗教舞蹈以外,反映门巴族生产、生活的习俗舞蹈也很丰富。习俗舞蹈以"颇章拉堆巴""旺久钦波"和牦牛舞最具特点。

门巴族舞蹈

"颇章拉堆巴"意为"贺新房",是门巴族在盖新房时跳的一种舞蹈,流行于门隅勒布地区。表演者边舞边歌,表达对新房的赞美,对房主家的祝福。

"旺久钦波"意为"人种子的大权威",是在新房竣工时跳的一种舞蹈,在门隅和墨脱地区都很流行。门巴族有在屋檐下悬挂木制男性生殖器的习俗,"旺久钦波"舞就源于原始的生殖祭祀舞。新房竣工时,女主人会身着节日盛装,用腰带系好木制男性生殖器,背在后背，左手托起斗拱，右手提着酒壶，跟着盖房师傅跳舞，绕新房转3圈。之后女主人爬上房顶将木制男性生殖器系在房檐，盖房师傅则领着男人们在下边吟唱着祝福词，跳着舞蹈。

牦牛舞也是在门隅地区门巴族中广为流行的一种舞蹈。牦牛舞表演时一人扮成牧人形象，手拿牧鞭；另一人身披黑色牦牛皮，模拟牦牛的各种动作，形象逼真，富于情趣。

◀ 门巴族歌舞

门巴族的习俗舞蹈大部分源于宗教舞蹈，最初人们把自身灵巧的身体奉献给了神灵，表达人对神的崇拜和敬畏。在后来的发展中，人性的需要逐渐取代了对神性的痴迷，世俗的情感逐渐冲淡了对宗教的热情，于是，习俗舞蹈便产生和发展起来。西藏和平解放后，门巴族的习俗舞蹈已走出山寨，成为具有审美价值的民族艺术。

音乐

门巴族的音乐是与诗、舞、戏剧结合一体的，每一种诗体、每一种舞蹈、每一种戏剧都配有不同的音乐曲调。在门巴族民间还有配以不同的乐器演奏。

门巴族的音乐歌体主要有萨玛体、卓鲁体、加鲁体和喜歌体等。萨玛体广泛流行于门隅地区，多用于节庆、婚礼、亲朋欢聚等欢乐场合。在敬酒时演唱，故又称为"萨玛"酒歌。"萨玛"酒歌曲调悠扬、婉转，极富民族和地域特色。卓鲁体全称"卓巴古鲁"，意为"牧歌"。相传是由门巴族的牧业始祖"太波嘎列"首创的，流行于门隅地区。卓鲁体曲调舒缓宽广、细腻绵长，很有叙述韵味,除牧人在生产劳作时歌唱外,还用于叙事诗的演唱。"加鲁"意为"情歌",曲调细腻而流畅。喜歌体以"卡萨喜扎"为代表,曲调活泼、欢快。

门巴族的乐器主要来自两个方面:传统乐器和藏传乐器。门巴族的传统乐器较少,主要有"里令"(双音笛)、"塔阿让布龙"(五音笛)、"基斯岗"(竹口琴)和牛角琴等,而鼓、钹、长号等都来源于藏地。

戏剧

门巴族民间戏剧俗称门巴戏,有三种表现形式:一是渊源于宗教跳神的门巴傩戏,如《中索羌》;二是在门巴族丰富的神话传说、民间歌舞和宗教跳神基础上产生的戏剧形式,如《噶玛如巴斯朗巴多》;三是借鉴、吸收和引入藏戏艺术养料而形成的门巴戏剧,如《诺桑王子》《卓娃桑姆》等。门巴族民间戏剧深深根植于门巴族丰厚的民间文化土壤中,门巴戏虽然吸收和借鉴了藏族戏剧的艺术营养,但它始终保留着浓郁的民族特色,全面地反映了门巴族文化特色与审美追求。

门巴族的传统戏剧作品中最为古老的是《阿拉卡教父子》。另一出剧目为《噶玛如巴斯朗巴多》,简称《巴多》。

门巴戏

总之，构成门巴族文学艺术遗产的，不仅有丰富的民间文学，也有用藏文创作的书面文学。《仓央嘉措情歌》和门巴戏是其中的佼佼者。《仓央嘉措情歌》已名列世界文学名著之林，国内有多种汉译本出版，国外有英、德、法、日、俄、蒙古等国文字的译本在世界上传播，受到广泛关注和好评，而"巴羌"和山南门巴戏已被列入国家非物质文化遗产名录，得到了有效的传承与保护。

◀ 门巴戏演出时的乐器伴奏

◀ 门巴戏面具

第七章
门巴民族乡

　　1951年西藏和平解放，1959年西藏进行民主改革，门巴族同西藏各族人民一道，从封建农奴制社会跨入社会主义革命和建设的新时代。
　　改革开放以来，在党和政府的关怀帮助下，门巴族社会发生了翻天覆地的变化。

在少数民族聚居地方实行民族区域自治,是我国的一项基本政治制度,是我国解决民族问题的基本国策,是实现各少数民族当家做主的重要途径。在我国这样一个多民族的社会主义国家,实行民族区域自治具有巨大的优越性和旺盛的生命力。

1984年,在总结新中国成立30多年实施民族区域自治经验的基础上,第六届全国人民代表大会第二次会议通过了我国历史上第一部《中华人民共和国民族区域自治法》,它标志着我国民族区域自治制度正式以法律形式得以确立,我国的民族区域自治制度进入了一个新的发展阶段。

为了贯彻落实《中华人民共和国民族区域自治法》,西藏自治区人民政府批准在门巴族聚居的错那县勒布区,在原有的"麻玛""吉巴""贡日"和"勒"4个行政乡的基础上,于1984年成立了麻玛门巴民族乡、基巴门巴民族乡、贡日门巴民族乡和勒门巴民族乡;1988年在林芝县成立了排龙门巴民族乡。2000年由于自然灾害原因,排龙门巴民族乡整体搬迁至林芝县更章地方,更名为更章门巴民族乡。

麻玛门巴民族乡

麻玛门巴民族乡位于错那县南部勒布沟,距县城40公里,平均海拔2 800米,是错那县重要的边境乡,也是勒布办事处行政所在地。

麻玛村 ▶

全乡总面积124 061亩，其中耕地面积68亩，森林面积54 990亩，草场面积60 176亩。全乡有1个行政村即麻玛村，4个自然村即氆氇岗、利马荣、竹器社、扎姆拉。全乡共有55户人家，155人，其中门巴族107人，藏族48人。

麻玛门巴民族乡武装部

麻玛乡耕地面积不大，牲畜数量也不多，但有着丰富的林下资源和传统的竹器编织和木碗制作等手

麻玛中印自卫反击战前沿指挥部旧址

工业。由于国家禁止采伐森林资源后，乡党总支、政府及时调整产业结构，以种植业为主线，在县农牧局和林业局的大力支持下，扩建150亩茶树地，并将其分给了每家每户，动员群众种植茶苗，生产品质优良的高原茶，产品受到市场欢迎，供不应求。政府还向群众提供资金扶持和技术指导，种植大棚蔬菜。2012年全乡牲畜总头数305头，粮食作物产量19.85吨，经济总收入133.77万元，其中第一产业收入47.66万元，第二产业收入23.09万元，第三产业收入63.02万元，年人均收入6 504元，现金收入4 553元。

麻玛门巴民族乡有着丰富的旅游资源，以独特的自然风光、风土人情、民族文化吸引了众多游客观光旅游。麻玛乡利用其资源优势，因地制宜，把资源优势转化为经济优势，鼓励农牧民群众发展运输业和第三产业，以发展旅游业、民族手工业、特色种植业来促进该乡的经济增长，使经济走上良性循环、可持续发展的轨道。

贡日门巴民族乡

贡日门巴民族乡位于错那县西南部、勒布办事处北部，距县城36公里，平均海拔3 196米。

全乡地势北高南低，最北部的波拉山口海拔4 500米，自山口南下，气候和生态环境呈现出明显的垂直分布特征，由高山草甸逐步演变为落叶常绿阔叶混交林。贡日乡辖斯木、贡日两个村委会。自北而南的娘江曲将贡日一分为二，江西为贡日村，村庄位于夏拉山山腰的一片洼地；斯木村处娘江曲东岸东嘎山麓，为乡政府所在地。辖区面积167 045亩，其中耕地面积158.3亩，草场面积97 200亩，林地面积62 500亩。

全乡共有农牧民群众68户169人（斯木村44户110人、贡日村24户59人），其中门巴族154人，藏族15人。

贡日乡环境优美，自然资源丰富，经济主要以农牧业为主、

贡日门巴民族乡斯木村全景 ▼

林业为辅。近年来，在上级政府的关怀支持下，全乡积极推进兴边富民行动建设，完善群众生产、生活基础设施。2010年投资10万元修建野猪养殖基地，扩大了野猪养殖规模，提高了群众收入，受益群众达60余人。同年投资15万元，修建斯木村电磨坊及公共厕所，便利了群众的生活，改善了乡容乡貌。2011年投资30万元修建打麦场3处，为全乡农牧民进行荞麦加工及临时存储提供了便利，受益群众达169人。2012年投资25万元修建骡马道15公里，维修骡马道10公里，该项目的实施极大改善了农牧民出行、放牧、边境巡逻的条件，受益牧民达71人。几年来共投资159万元用于兴边富民项目建设，完善了全乡群众的生产、生活基础设施，提高了人民生活水平，促进了民族团结、社会稳定和边防稳固。2012年，全乡经济总收入

◀ 贡日门巴民族乡人民政府

196.92万元，其中农业收入12.61万元、牧业收入46.62万元、劳务输出69.56万元、政策及其他收入57.42万元，人均纯收入6 371元。

贡日乡民风淳朴，至今保留着浓厚的门巴风情习俗。教育事业得到了很大发展，2011年贡日乡已实现全乡脱盲，儿童入学率均为100%。

基巴门巴民族乡

"基巴"（skyid—ba）系藏语音译，又译为"吉巴"或"吉布"，意为"快乐""舒适"。

基巴门巴民族乡位于错那县南部、勒布办事处北部，距县城39公里，乡政府所在地海拔3 500米，辖吉巴村、让村两个村委会。辖区面积22 366万亩，其中耕地面积242亩，草场面积209 715.41亩，林地面积70 915公顷，是一个半农半牧的边境民族乡。

▲ 基巴山上的神湖圣境

▶ 基巴民族乡人民政府

全乡共有83户，212人（吉巴村59户148人、让村24户64人），其中门巴族群众有196人，藏族群众16人。

基巴乡人均耕地面积1.12亩，农作物以春小麦、冬青稞、荞麦为主，农作物年产量33.5吨。牲畜总头数790头（只、匹），主要以牦牛为主，年产奶3.5吨。2012年，全乡经济总收入233.66万元（第一产业收入95.65万元，第二产业51.52万元，第三产业86.48万元），农牧民人均纯收入6 156元。

随着兴边富民行动项目的扎实推进，近年总计投入了175.9万元修建骡马道、维修电站、修路修桥、修建耕地围栏等设施，改善了群众生产、生活基础设施，提高了群众的生活水平。

2011年基巴乡已实现全乡群众脱盲，适龄儿童入学率、巩固率均达到100%。目前全乡在校大学生7人，高中生12人（内地高中生2名），错那县中学生14人，内地西藏班1人，勒布完小

基巴门巴民族乡鸟瞰

小学生15人。

　　基巴门巴民族乡民族文化特色浓郁，门巴族民间情歌和"萨玛"酒歌在群众中传唱不衰，流行于基巴乡和贡日乡富有民族和地域特色的"门巴族拔羌姆"（又译为"巴羌"）即宗教神舞已经被列入国家第四批非物质文化遗产名录。

勒门巴民族乡

　　勒门巴民族乡位于错那县西南部勒布办事处南部，距县城52公里，乡政府所在地海拔2 300米。勒乡南抵印度实控区，西与不丹接壤，战略位置十分重要。

　　勒乡辖勒村、贤村两个村委会。辖区耕地面积32.25亩，草场面积9.21万亩，林地面积10.29万亩。全乡共有51户132人（勒村28户75人、贤村23户57人），其中门巴族91人，藏族41人。乡干部职工15人，护林员55人，护边员13人。

　　勒乡人均耕地面积仅为0.244亩，农作物以青稞、小麦、荞麦及各种蔬菜为主。勒乡根据其气候特点开垦茶园种植茶树，产品很受欢迎供不应求，种植的辣椒和大棚蔬菜也是市场的抢手货。

勒门巴民族乡新村

　　勒乡有着极为丰富的林业资源，为人们的副业生产实现增收提供了得天独厚的条件。勒乡人民充分利用其资源优势，因地制宜，将资源优势转化为经济优势，大力发展竹编、木碗制作等民族手工业和木材加工业。随着国家禁止采伐森林资源后，群众林业收入大幅度减少，乡政府及时与县林业局沟通协调，根据国家政策实施森林生态保护补偿机制，全额兑现公益林生态效益补偿政策，55名森林管护人员每月补助420元，使群众在保护生态环境的同时得到真正的实惠。

　　在国家兴边富民行动深入推进和扶持人口较少民族政策的助力下，勒乡的经济社会发展迅速。2012年，勒乡农作物年产量20.8吨，牲畜总头数368头，总收入146.27万元，其中农业收入17.26万元，牧业收入24.27万元，林业收入0.14万元，劳务输出收入29.52万元，其他收入75.08万元，人均收入6 625元，其中现金收入4 770元。

　　勒门巴民族乡还有丰富的民族文化旅游资源。山南门巴戏是门巴族重要的文化遗产，2006年，列入第一批国家非物质文化遗产名录，其传统戏班过去主要由勒乡门巴人组建，戏师也由当地人充任。今天的门巴戏戏班仍由勒乡为主的村民建立，门巴戏国家级传承人格桑丹增现为勒村村委会主任。勒乡境内还有一处重要胜迹,相传是莲花生大师最重要的修行地。修行地位于密林深处的山腰上,过去很早就建有寺庙,今天仍有1座修复的小寺庙,有僧人专门管理。在修行地还有许多当年莲花生大师留下的脚印等圣迹。修行地附近有一瀑布,在阳光的照射下显现出五彩霞光,美轮美奂而富有神秘感。这里每年吸引着大批善男信女到此朝圣,有着旅游开发的巨大潜力。

◀ 神山上的瀑布

更章门巴民族乡

更章门巴民族乡原为排龙门巴民族乡。排龙乡位于林芝县东北角,北靠波密县,东接墨脱县,乡政府距县城130公里。排龙乡当时辖9个行政村,17个自然村,9个行政村分别是白玛店村、唐通村、扎曲村、门仲村、玉麦村、排龙村、白朗村、巴玉

◀ 更章门巴民族乡人民政府

第七章 门巴民族乡 145

林芝县更章门巴民族乡藏香厂

村、岩旁村。2000年6月，由于易贡洪水瀑泻，为保障当地农牧民群众的生命财产安全，在西藏自治区各级政府慎重决策下，排龙乡整体搬迁至林芝县更章地方，更名为更章门巴民族乡。

搬迁后的更章门巴民族乡下辖6个行政村，分别是更章村、白玛店村、久巴村、娘萨村、扎曲村和门仲村。乡总面积600平方千米，耕地面积1 304.2亩。2012年，全乡共287户，1 302人，其中门巴族471人，珞巴族134人，藏族697人。

为了妥善安置搬迁群众的生产和生活，林芝县政府先后争取资金数百万元，为搬迁群众修建了80平方米~120平方米宽敞的住房。农网改造及人畜饮水工程让当地门巴族群众用上了电，喝上了纯净的自来水，群众的生活条件和生存环境发生了前所未有的变化，处处呈现出现代化农村的新景象。为了方便尼洋河两岸的门巴族和藏族群众出行，西藏自治区投入了1 200多万元在尼洋河上修建了更章大桥。为了发展民族教育事业，新建了设施一流的更章门巴民族乡小学。

更章门巴民族乡充分发挥区位优势和交通优势，加大农牧业结构调整，种植大棚蔬菜，种植天麻、木耳、草莓和利用荒坡地栽种优质特色水果等经济林木，发展藏香猪等特色养殖业，开办藏香厂等，通过多措并举为农牧民开拓增收渠道，经济社会得以良性快速发展。2012年，全乡经济总收入1 585.12万元，粮油总产量514.1吨，肉食总产量112.46吨，人均纯收入7 304元，现金收入5 113元。

更章门巴民族乡还有着丰富的旅游资源。老排龙境内有雅鲁藏布江峡谷大拐弯风景区，其独特的自然风光、风土人情、民族文化吸引了众多探险家、科考队和外来游客。近年来，前往大拐弯峡谷科考、探险、旅游的人越来越多。而大拐弯峡谷深隐在高山密林深处，山路崎岖蜿蜒，前往峡谷景区必须要当地人当向导兼背工。更章门巴民族乡充分利用这一地域和资源优势，因地制宜，把资源优势转化为经济优势，鼓励农牧民群众发展运输业和旅游业，做向导和背工也已成为当地群众重要的收入来源。

墨脱县

墨脱县是目前我国门巴族最为集中的聚居地区之一。

墨脱县位于西藏东南部，东与察隅县相连，西与米林县和林芝县相接，北与波密县相邻，南接中印传统习惯线与印度毗邻。墨脱地区总面积3.4万平方公里，我国实际控制面积为1.2万平方公里。

墨脱地处喜马拉雅山脉东段南坡，地形北高南低，雅鲁藏布江贯穿全境，全县平均

◀ 墨脱电视台工作人员

墨脱县城全景

海拔1 100米。墨脱雨量充沛、气候宜人，生态资源保存完好，资源禀赋独特，有"五最一秘"之称，即最优越的气候条件、最充沛的水利资源、最丰富的林业资源、最原始美丽的旅游资源、最多样丰富的生物资源以及神秘独特的文化资源。由于得天独厚的地理条件和气候条件，墨脱的资源和物产十分丰富。森林覆盖率高达70%，珍稀动植物众多，原始风貌犹存，生态自成体系，现已被列为国家级自然保护区。

墨脱县辖7乡1镇（其中包括1个珞巴民族乡）46个行政村，主要居民为门巴族和珞巴族。此外，还有部分藏族、汉族及其他少数民族。截至2013年，墨脱全县总人口12 625人，乡村人口9 965人，其中门巴族7 745人、珞巴族1 383人、藏族801人、汉族及其他少数民族36人。

由于交通条件的限制，墨脱地区长期被人们称之为"高原孤岛"，经济社会发展严重滞后。今天，扎墨公路已经开通，墨脱经济社会发展迅速。2013年，墨脱县农牧民人均纯收入6 412元，其中现金收入4 233元。经过不懈努力，墨脱地区经济得到了长足发展，社会面貌发生了深刻变化，呈现出一派欣欣向荣的发展景象。

第八章
人物春秋

门巴族在烟波浩渺的历史长河中,涌现了众多杰出人物,他们为门巴族历史谱写出了独具华彩的乐章。

在门巴族发展的历史上,出现了许多著名人物,如六世达赖喇嘛仓央嘉措、著名活佛梅惹·洛卓嘉措等。进入新的历史时代,门巴族又涌现出了一批为民族的发展繁荣做出了杰出贡献的代表人物。

梅惹·洛卓嘉措

梅惹·洛卓嘉措,生卒年不详,清代藏传佛教著名高僧,曾任西藏门隅地区政教首领。梅惹·洛卓嘉措出生于门隅梅惹萨顶地区,故称梅惹喇嘛。

梅惹·洛卓嘉措在拉萨哲蚌寺学经期间,拜五世达赖喇嘛阿旺·洛桑嘉措为师,因学富五明、品行优秀,深得五世达赖喇嘛赏识,成为五世达赖喇嘛的名徒和密友。17世纪50年代受五世达赖喇嘛之命回到家乡出任门隅地区政教首领。1656年,五世达赖喇嘛令西藏地方政府委派两名"拉涅"(总管),协助梅惹喇嘛管理门隅的行政事务。

梅惹喇嘛到了门隅后,肩负着弘扬格鲁派和管理门隅政教事务的重任。他首先改造影响较大的宁玛派寺院达旺寺,使之成为格鲁派在门隅地区的政教中心。在错那宗地方官员和门巴群众的大力支持下,达旺寺的改造和扩建工作进展顺利,将一个只有几个喇嘛的宁玛派小寺扩建成了格鲁派在门隅的最大寺院。成为门隅地区政教、经济和文化中心,梅惹喇嘛主持该寺。

达旺寺建成后,五世达赖喇嘛和西藏地方政府赋予了达旺寺很多特权,如委派下级官员,征收赋税,实行"僧差制度",会同政府官员管理门隅等。经过梅惹喇嘛等僧俗官员20多年的努力,西藏地方政权在门隅政教合一的统治得到了巩固和发展。

为了表彰梅惹喇嘛的功绩,五世达赖喇嘛特将自己供养的5个莲花生像中的1个赠送给了他。传说五世达赖喇嘛还亲手绘制了一幅吉祥天女画像,作为礼品送给了梅惹喇嘛。

1680年,五世达赖喇嘛还专门颁发封诏,对梅惹喇嘛在门隅地区发展格鲁派势力,建立户籍,征收赋税,实行政教管理的功绩给予了高度赞扬。梅惹喇嘛在门隅地区的活动及达赖喇嘛的封文，充分说明了早在17世纪我国就在门隅地区行使了完全的主权。梅惹·洛卓嘉措为祖国的统一和开拓建设祖国的西南边疆做出了重要贡献。

仓央嘉措

仓央嘉措（1683—1706），六世达赖喇嘛，门巴族著名诗人。仓央嘉措，全称洛桑仁钦·仓央嘉措，是西藏历史上一位影响深远的人物。他既是声名显赫的六世达赖喇嘛，又是一位才华横溢的天才诗人，他创作的《仓央嘉措情歌》在西藏文学史上占有重要地位，影响深远。

◀ 仓央嘉措

仓央嘉措出生于1683年（藏历阴水猪年），出生地在西藏门隅地区达旺附近拉沃宇松的山村。父亲名扎西丹增，母亲名次旺拉姆，其家族世代信奉藏传佛教宁玛派。仓央嘉措出生的前一年，五世达赖喇嘛阿旺·洛桑嘉措圆寂，第巴桑结加错秘不发丧，暗中派人寻访达赖喇嘛转世灵童，秘密选定了仓央嘉措。直至1697年，年已15岁的仓央嘉措才被迎至布达拉宫坐床，是为六世达赖喇嘛。

仓央嘉措生活的时代，正是西藏历史上风云变幻的多事之秋。由于蒙、藏上层争权斗争激烈，仓央嘉措居达赖喇嘛位仅8年时间，就因第巴桑结加错在同蒙古汗王拉藏汗的争权斗争中失败而遭废黜。1706年，年仅24岁的仓央嘉措在解送内地的途中，暴卒于青海湖畔，成为当时西藏政治斗争的牺牲品。关于仓央嘉措的圆寂时间还有多种说法，其一是讲他在青海湖畔舍弃名位，杳然遁去，曾周游西藏和尼泊尔等地，还多次回到故乡，最后圆寂于内蒙古阿拉善。其二是传说清帝曾将其软禁在山西五台山，最后仓央嘉措圆寂在那里。诸多传说表明了人们对仓央嘉措的怀念。

仓央嘉措是一位才华出众、富有文采的诗人,他一生最大的成就也许并非是六世达赖喇嘛的身份,而是他创作的今天称之为《仓央嘉措情歌》的古典诗歌。他突破宗教禁忌,用情歌倾诉他的孤寂与爱恋之情。最为经典的拉萨藏文木刻版《仓央嘉措情歌》汇集了仓央嘉措的60多首作品,诗歌词句优美、朴实生动,准确传神,如今已被译成20多种文字,几乎传遍了全世界。他的诗歌已经超越民族、国界和时空,成为中华文化乃至世界文化的宝贵遗产。

噶尔拜白玛

噶尔拜白玛(1918—?),门隅地区达旺人,门巴木碗制作技艺大师。

噶尔拜白玛出生于木碗世家,是达旺桑吉林著名制作木碗世家第三代手工业者,在门隅地区和藏区享有盛誉。

木碗多产于西藏南部多林木地区,以门隅地区所产木碗最为有名。门巴木碗在西藏是很受欢迎的手工艺品。藏族人喜欢木碗,过去上至达官贵人高僧大德,下到普通民众艺人乞丐,每人均有木碗,差别仅在于碗的质量等级上。藏族人喜爱木碗,原因有三。一是木碗经久耐用,携带方便;二是木碗盛茶有一种特殊的香味,盛食不变味,饮用不烫嘴。在藏族人的观念中,用木碗饮酒还会使人聪明,英俊,惹人喜爱;三是木碗大多制作精美,色泽明亮华丽,木纹别致美观,造型丰富,有的木碗还镶嵌银边,一个个木碗就是一件件精致的工艺品。正是木碗的实用性和审美性赋予了木碗神奇的品格,令藏族人格外珍视。

噶尔拜白玛木碗制作技艺精湛,在门隅地区和藏区闻名遐迩。他制作的木碗,选料考究,做工精细,造型美观,色彩艳丽,每一个木碗都是艺术珍品,产品供不应求,深受人们珍视和喜爱。他还经常往来于门隅地区和藏区,向人们传授木碗制作的经验和技能,成为门巴族和藏族经济文化交流的使者。噶尔拜白玛是门巴族木碗制作技艺的杰出大师和重要传承人。

益西平措

益西平措（1925—2012），墨脱德兴人，西藏自治区墨脱县政协原副主席，门巴族著名民间文艺家。

益西平措老人有着不平凡的经历，是一位知识广博、阅历丰富的长者。他的祖先来自主隅不丹，曾主持修建了墨脱地区著名的寺庙——格林寺。益西平措自幼聪慧，少年和成人后曾入寺当僧人十余年，在寺庙学习过藏文和佛教经典。他曾为村民念经作法事，参加和主持宗教戏剧和跳神的演出活动，有丰富的宗教文化知识。他性情文静，为人谦和坦诚，很有人缘，深得群众的信任和爱戴。在墨脱，益西平措是家喻户晓的人物，被人们尊称为"梅梅"（爷爷），这是墨脱地区门巴族对男性长者的敬称。益西平措每到一地，到处都有人亲切地叫他"梅梅"。

◀ 益西平措

益西平措是一个墨脱通，历史、宗教、文化、习俗无不知晓。他精通珞巴语，会讲藏语，通晓藏文。曾多次为国家科考队担任陪同、向导和翻译，协助多支前往墨脱地区进行社会调查的考察队工作，益西平措在调查工作中发挥了重要作用。1986年本书作者在墨脱调查时，益西平措老人就是调查队的向导和翻译。益西平措自身是一个集几种身份于一体的人物：昔日的僧人，通晓民间文化的艺人，当时的国家干部。因而他在考察队中的地位也很特殊：向导、陪同、顾问、翻译和调查对象。他通晓本民族的历史与文化，对民间文化尤为熟悉。很多时候，当调查对象讲故事时忘了一些情节或细节，他会在一旁提醒和补充；当调查对象演唱时忘了词句时，他会接着唱下去。他常常忘记自己的向导和陪同身份，同调查对象一道为调查队提供各种资料。益西平措多才多艺，不仅歌唱得好，舞跳得好，还会讲许多民间故事，特别是动物故事讲得生动有趣。其讲故事时的语言、动作手势，可用绘声绘色、惟妙惟肖来形容。益西平措是一位智慧非凡、德高望重的门巴族智者。

益西平措还是一位著名的爱国宗教人士，在20世纪80年代便担任中国人民政治协商会议墨脱县委员会副主席，是当地公认的好干部。2011年，时任中央统战部常务副部长朱维群在墨脱地区调研时曾专门前往家中看望益西平措老人，时年86岁高龄的益西平措还委托朱维群部长将一顶法帽转交给胡锦涛主席以表达敬意。

格桑

格桑，1941年出生，西藏自治区错那县人，全国劳动模范。1974年，格桑加入中国共产党，1988年，任错那县贡日门巴民族乡党支部书记。他积极响应党和政府的号召，坚持改革开放，利用本地半农半牧、森林资源丰富的特点，走多种经营、共同致富的道路，带领广大门巴族群众致富奔小康，使当地群众的生产、生活条件得到了很大改善，为改变家乡贫穷落后的面貌做出了突出贡献。为了表彰他所取得的成绩，1989年格桑被国务院授予全国劳动模范称号。

措姆

措姆，女，1942年出生，西藏错那勒布区色目村人，曾任西藏自治区民族宗教事务委员会副主任，第三、第四、第五、第六届全国人民代表，中国政协委员会第七、第八届委员。

措姆1942年出生于错那宗贡日措斯木村一个贫苦的差巴户家庭，从小饱受欺凌和磨难。1959年西藏民主改革，措姆怀着对封建农奴制度的憎恨和对社会主义新生活的向往，积极投身于平叛斗争和民主改革，在如火如荼的艰苦岁月中经受了考验。1964

年，措姆当选为第三届全国人大代表，这是门巴族历史上第一位全国人大代表。作为在旧西藏地位极为低下的门巴族妇女当选为全国人大代表，生动地反映了新中国民族平等和民族团结政策的落实和门巴族人民当家做主新时代的到来。也是在1964年，措姆在北京参加了第一届全国少数民族文艺会演，将门巴族的歌声传遍了全国。

1966年，措姆加入中国共产党，1971—1981年，先后在中央民族大学和中央党校西藏班学习。措姆先后担任西藏自治区山南地区行署副专员、西藏自治区妇女联合会副主任、西藏自治区人民代表大会监察委员会副主任、西藏自治区民族与宗教事务委员会副主任等职务。

◀ 时任自治区民族宗教事务委员会副主任的措姆在调研途中

红梅

红梅，女，1959年出生，门巴族第一个女副教授。1959年，红梅出生于墨脱县一个农民家庭。当时的墨脱没有一所完整的小学，红梅每天跟着解放军读书、识字，学习唱歌，她的名字也是由解放军取的，名字来源于人们喜爱的一首歌《红梅赞》。

1972年，13岁的红梅幸运地被当地政府选中送往拉萨学习，作为墨脱未来的师资力量培养。抵达拉萨后红梅先是在西藏师范学校学习，1975年又被选送到上海华东师范大学深造，所学专业是生物学。1978年学成之后，红梅回到西藏大学的前身西藏师范学院任教，此后二三十年，传道、授业、解惑，诲人不倦，她

◀ 红梅

自己也由一名普通门巴女孩子成长为西藏大学的副教授和二级学院的党委书记。

红梅已在西藏大学任教35年。30多年的讲台生涯，如今已桃李遍天下。她的学生越来越多地进入到环保、农科所等科研单位从事高原动植物、环境生态和农牧业生产等领域的研究工作。红梅把一批批学生送到了西藏各县市的学校，送到了农牧、环保、科研等单位，为西藏地区生物学领域的教育和科研事业做出了突出贡献。

2002—2008年，红梅连续两届当选西藏自治区人大常委会委员。

桑杰扎巴

桑杰扎巴，1961年出生，墨脱县背崩人，现任林芝地区政协主席。1981年，桑杰扎巴毕业于西藏农牧学院林学系林学专业，毕业后留校工作。桑杰扎巴先后担任西藏自治区墨脱县委副书记、县长和墨脱县委书记、林芝地区计划经济委员会党组书记、林芝地区行署副专员、西藏自治区政府办公厅党组成员兼政府副秘书长、西藏自治区林业局党组副书记兼局长，2009年至今担任林芝地区政协主席。

桑杰扎巴

桑杰扎巴是我党培养出的优秀民族干部，他的成长与进步凝聚着各级党组织的亲切关怀和精心培育，也与其长期严格要求与勤奋努力分不开。曾多次受组织委派到内地学习深造，曾在湖南农学院园艺系、中央团校大专班、中央党校培训部西部干部班学习，在四川大学工商管理学院工商管理专业读研究生。桑杰扎巴也是门巴族第一个到内地挂职的干部，2004年他在国务院办公厅秘书二局担任近10个月的副局长。经过长期的学习和多岗位的锻炼，桑杰扎巴已经成为具有较高理论水平和勤奋务实的优秀民族干部。

群增次仁

群增次仁，1962年出生，错那县勒乡人，门巴族第一位人民检察院检察长。

1962年，群增次仁出生在错那县勒乡一个革命干部家庭。同年，其父亲在中印自卫反击战中牺牲。作为革命烈士的后代，群增次仁从小受到党和政府的亲切关怀和培养。1977年，年仅15岁的他被选送到中央政法干部学校西藏班学习。1981年，群增次仁以优异的成绩从中央政法干部学校毕业回到西藏，分配到错那县检察院工作，从法警、书记员干起。

30多年来，群增次仁办理了数百起案件。2002年，群增次仁升任为错那县检察院检察长，成为全国唯一的门巴族检察长。

◀ 群增次仁

仁增措姆

仁增措姆，女，1963年出生，错那县麻玛人，门巴族优秀女干部。

1963年，仁增措姆出生于错那县勒布沟麻玛村。1979年在北京民族文化宫担任讲解员，结束北京工作返藏后担任山南地区广播电台播音员，曾先后任山南地区文化局文秘、地区电视台编辑、记者。1984—1987年，在陕西咸阳西藏民族学院学习。1986年曾作为翻译随

◀ 仁增措姆

第八章 人物春秋 159

同西藏民族学院门巴族、珞巴族文化考察队深入西藏边疆民族地区调研，徒步进入墨脱地区进行门巴族、珞巴族社会和文化考察。后调入拉萨工作，曾担任西藏自治区群艺馆《雪域文化》杂志编辑、自治区文化厅科长、西藏自治区话剧团副团长，2004年，任西藏自治区民族宗教事务委员会副处长。2010年至今，任西藏自治区民族宗教事务委员会民族二处处长。

作为人口较少民族女干部，仁增措姆常怀对党对国家的感恩之心。仁增措姆不断提高自身素质和工作能力，尽心尽职地做好每一项工作。

2008年，仁增措姆加入中国作家协会。创作有散文《门巴山貌》《门巴婚谣》，诗歌《姑娘的心愿》等作品。

多布杰

多布杰，1965年出生，错那县勒乡人，门巴族作家。1965年12月出生在错那县勒门巴民族乡贤村的一个叫"巴布仓娃"的家族。1988年7月参加工作，中央党校本科学历。现任西藏自治区山南地区民族宗教事务局党组成员、副调研员；中国作家协会会员，作协西藏分会会员、作协西藏山南地区理事，《民族文学》杂志社特约翻译。

多布杰

多布杰热爱本民族的优秀文化，坚持搜集、翻译和整理门巴族民间传说、故事和歌谣，对山南门巴戏的抢救、挖掘和保护做出了突出贡献。

在搜集、整理门巴族民间文艺的同时，多布杰还勤于创作，以"错门·郭布""巴布仓娃"等笔名在《人民日报》《诗刊》《民族文学》《时代文学》等刊物上发表文学作品，其中有《猴子与野鸡的故事》《仓央嘉措》《故乡的云》《古宅》《传承民族文化遗产》等。曾撰写了《中国门巴族》一书，全面介绍了门巴族的历史和文化，获得了广泛好评。

白丹措姆

白丹措姆，女，1973年出生，错那县勒布人，全国人民代表大会门巴族代表。白丹措姆初中毕业后就参加了工作，曾在错那县委和县政府当过打字员和收发员。2003年当选为全国人大代表，2006年到错那县麻玛乡任副乡长，2010年任该乡乡长。

白丹措姆十分关心家乡的经济社会发展和民族文化保护。在担任两届全国人大代表期间，每年两会白丹措姆都会提出很多关于家乡民生建设的议案，"我有责任为保护民族文化、发展家乡经济建言献策"是她常说的话，也是她坚持办的事。她的许多提案和建议得到了相关部门的高度重视，这些建议的实施为西藏边疆民族地区的经济社会发展和巩固祖国边防发挥了重要作用。

◀ 白丹措姆

格桑德吉

格桑德吉，女，墨脱县帮辛人，小学教师，全国"最美乡村教师"和"2013感动中国人物"。

1998年，格桑德吉进入河北师范大学民族学院普师班学习，2000年毕业后，她并没有像其他同学一样选择继续深造或留在大城市工作，而是毅然回到西藏。为了让喜马拉雅山脚下、雅鲁藏布江边的门巴族孩子有学上，格桑德吉放弃了

◀ 格桑德吉

拉萨的工作,主动要求到条件艰苦的帮辛小学执教。

格桑德吉执教的帮辛乡是墨脱地区最后一个通公路的乡,这条经常发生泥石流、山体滑坡的小路,连接了散落在大山里的村庄,也是帮辛乡走出大山唯一的路。2000年回乡执教14年来,为劝辍学的孩子返校,格桑德吉在这条经常发生泥石流和山体滑坡的悬崖小路上频繁往返。为了孩子们不停课,她曾怀着6个月身孕独自背着糌粑和学习用品走在这条小路上。为了把学生平安送到家,每年道路艰险、大雪封山时,格桑德吉过冰河、溜铁索,把4个月才能回一次家的学生们平安送到父母的身边。14年来,在格桑德吉的努力下,当地的门巴族孩子从最初失学率30%,变成到今天入学率95%。她将200多名孩子送出大山,有6名考上大学、20多名考上大专或中专,而她自己的女儿却留在了拉萨的婆婆家,一年才能见一次面。村民们亲切地称她为门巴族的"护梦人"。

作为一名乡村教师,格桑德吉在平凡的工作岗位上做出了不平凡的贡献,她的事迹深深感动了人们。2013年9月,格桑德吉被评为"最美乡村教师",2014年2月10日,格桑德吉荣获"2013感动中国人物"。"感动中国"给她的颁奖词是:"不想让乡亲的梦,跌落于山崖。门巴的女儿执意要回到家乡,坚守在雪山、河流之间。她用一颗心,脉动一群人的心,用一点光,点亮山间更多的灯火。"

央吉玛

央吉玛

央吉玛,女,本名次仁央吉,1986年出生,墨脱县人,门巴族青年歌手、演员。

2008年毕业于中国传媒大学影视艺术学院导表系表演专业,曾拍摄电影《守望幸福》《兄弟》,微电影《城市印象之阿布》《许愿画》《一人一半》等。

2013年参加《中国梦之声》并最终获得全国年度亚军,同年凭借歌曲《莲花开》获得第二届阿比鹿音乐奖年度单曲奖。央吉玛的歌声中保留了门巴族原生态唱法,其原创音乐作品有《醒来吧》《黑色的山》等。

参考文献

1. 孙宏开，陆绍尊，张济川，欧阳觉亚. 门巴，珞巴，僜人的语言. 北京：中国社会科学出版社，1980

2. 黄颢，吴碧云. 仓央嘉措及其情歌研究（资料汇编）. 拉萨：西藏人民出版社，1982

3. 《门巴族简史》编写组. 门巴族简史. 拉萨：西藏人民出版社，1986

4. 西藏社会历史调查资料丛刊编辑组. 门巴族社会历史调查（1–2）. 拉萨：西藏人民出版社，1987

5. 张江华，陈景源，吴从众. 门巴族封建农奴社会. 成都：四川民族出版社，1988

6. 林田. 门隅历史沿革及印度侵占经过（内部资料）. 西藏社会科学院西藏学汉文文献室编印，1989

7. 于乃昌. 西藏民间故事（第5集）. 拉萨：西藏人民出版社，1989

8. 于乃昌. 西藏审美文化. 拉萨：西藏人民出版社，1989

9. 冀文正. 西藏民间故事（第6集）. 拉萨：西藏人民出版社，1993

10. 李坚尚，刘芳贤. 珞巴族门巴族民间故事选. 上海：上海文艺出版社，1993

11. 中国戏曲志编辑委员会. 中国戏曲志·西藏卷. 北京：文化艺术出版社，1993

12. 关东升. 中国民族文化大观：藏族·门巴族·珞巴族. 北京：中国大百科全书出版社，1995

13. 李坚尚. 喜马拉雅寻觅. 济南：山东画报出版社，1999

14. 中国人口较少民族发展研究课题组. 中国人口较少民族经济和社会发展调查报告（内部资料）. 2001

15. 陈立明. 走入喜马拉雅丛林——西藏门巴族珞巴族文化之旅. 北京：中国藏学出版社，2002

16. 陈立明，曹晓燕. 西藏民俗文化. 北京：中国藏学出版社，2003

17. 吕昭义，红梅. 门巴族·西藏错那县贡日乡调查. 昆明：云南大学出版社，2004

18. 西藏自治区民族宗教委员会，西藏自治区发展和改革委员会. 西藏自治区扶持人口较少民族发展专项建设规划（送审稿）. 2005

19. 葛忠兴. 兴边富民行动（第4辑）. 北京：民族出版社, 2006

20. 中国人口较少民族经济和社会发展调查报告. 北京：民族出版社, 2007

21. 张江华，揣振宇，陈景源. 雅鲁藏布江大峡谷生态环境与民族文化考察记. 北京：中国藏学出版社, 2007

22. 《门巴族简史》修订本编写组. 门巴族简史（修订本）. 北京：民族出版社, 2008

23. 西藏社会历史调查资料丛刊编辑组. 门巴族社会历史调查（修订本）(1–2). 北京：民族出版社, 2009

24. 《中国少数民族》修订编辑委员会. 中国少数民族（修订本）. 北京：民族出版社, 2009

25. 卢小飞. 西藏的女儿：60年60人口述实录. 北京：中国藏学出版社, 2011

26. 王丽平. 墨脱村调查. 北京：中国经济出版社, 2012

27. 梦野. 亲吻藏南——行走在仓央嘉措的故乡达旺. 北京：中国青年出版社, 2012

28. 多布杰. 中国门巴族. 银川：宁夏人民出版社, 2012

29. 杜莉. 乡村巨变——西藏山南勒布门巴民族乡调查报告. 北京：社会科学文献出版社, 2012

30. 巴桑罗布. 隐秘乐园——门隅的历史法律地位. 北京：中国藏学出版社, 2014

图片提供者

(按姓氏音序排列)

《门巴族简史》	第76页（下）	李旺旺	第38页（下）	第82页（上）
第12页	第79页（上）	第105页	第39页（上）	第89页
白丹措姆	第82页（下）	第106页	第41页	第92页
第161页（上）	第84页	第155页	第43页	第94页
陈立明	第85页	**凌风**	第44页	第97页
第15页	第86页	封面	第45页	第98页
第23页	第87页	**南丁**	第46页	第101页
第30页	第88页	第13页	第47页	第102页
第31页（上）	第93页	第14页	第48页	第107页（下）
第32页	第95页	第20页	第50页	第108页
第33页	第100页	第42页（上）	第51页	第109页
第34页	第111页（上）	**祁继先**	第52页	第110页
第36页	第130页	第42页（下）	第54页（上）	第111页（下）
第37页	第131页	第64页	第55页	第114页
第38页（上）	第132页	第153页	第56页	第115页
第39页（下）	第133页	**仁增措姆**	第58页	第116页
第40页	第134页	第159页	第59页	第118页
第53页	第135页	**桑杰扎巴**	第60页	第120页
第54页（下）	第138页	第158页	第67页（上）	第136页
第57页	第144页	**央吉玛**	第68页（上）	第139页
第61页	第145页（上）	第162页	第70页（右）	第140页
第62页	第146页	**杨忠宁**	第71页（下）	第141页
第63页	第157页（上）	第10页	第72页（下）	第142页
第66页	第159页（上）	第16页	第73页	第143页
第67页（下）	**多杰布**	第17页	第74页	第145页（下）
第68页（下）	第160页	第19页	第75页（上、中）	第147页
第69页	**格桑德吉**	第22页	第77页	第148页
第70页（左）	第161页（下）	第25页	第78页	第150页
第71页（上）	**红梅**	第26页	第79页（下）	**于乃昌**
第72页（上）	第157页（下）	第28页	第80页	第96页
第75页（下）		第31页（下）	第81页	第107页（上）

后记

　　初次接获佟强编辑的电话，希望承担编写《走近中国少数民族丛书·门巴族》《走近中国少数民族丛书·珞巴族》的任务，说实在的，当时我委婉地回绝了。主要原因一方面是平时事务繁杂，担心不能按期完成。二是觉得由本民族的学者来书写更为妥当。第三是该丛书要求高，内容上从历史讲到当代，形式上是图文并茂，需要大量当代发展材料和历史与现实图片。接受任务意味着必须再次赴门巴族和珞巴族聚居地区调研，而门巴族和珞巴族的聚居地位于地处喜马拉雅东部山区的西藏东南边境5县，即墨脱县、米林县、隆子县、错那县和察隅县，系统调研极为不易。几番商量后接受了任务，一方面是对西藏民族文化的热爱，而本人承担的国家社科基金项目"西藏边疆人口较少民族聚居区经济社会发展现状调查研究"和西藏自治区西藏文化传承发展协同创新中心项目"西藏民俗文化发展变化现状调查研究"获批，项目所研究的内容正好与这两部书稿的内容相契合，调研的经费问题由此也可以得到解决。

　　这一生我与西藏和西藏民族文化有着很深的缘分。我曾在西藏昌都插队，大学在西藏民族学院就读，留校后一直从事西藏民族文化的教学和研究。我是1986年开始进入西藏人口较少民族历史文化研究领域的。西藏民族学院有一个学术传统，就是长期关注和研究西藏人口较少民族即门巴族、珞巴族以及僜人、夏尔巴人的社会和文化。我于1986年跟随著名学者于乃昌教授到西藏东南边境5县调查，当时克服重重困难甚至是冒着生命危险徒步进入墨脱考察，留下了永远难以忘怀的记忆，由此开始了我对门巴族、珞巴族经济社会发展和社会文化变迁的持续关注，西藏边疆民族地区的经济社会发展已成为我的一个重要研究领域。不知不觉间已经过去了近30年,此间我曾10多次赴藏调查,独著或合作出版了几本介绍门巴族、珞巴族文化的著作,如《走入喜马拉雅丛林——西藏门巴族珞巴族文化之旅》《中国民族文化大观:门巴族卷·珞巴族卷》《西藏民俗文化》等,参与修订了《门巴族简史》《珞巴族简史》《中国少数民族·门巴族》等。长期的关注和研究使我对门巴族、珞巴族等西藏边疆民族的历史和文化有了较为深入的了解,也深化了对西藏民族文化的认识。

再次深入西藏东南5县调查门巴族和珞巴族的社会和文化,给我留下的深刻印象是变化巨大,尤其是教育发展成就惊人。看到窗明几净设施完善的更章门巴民族乡小学和墨脱县完全小学,获知墨脱县德兴乡文朗村近年来考出了10多名大学生,听到孩子们的琅琅读书声和见到孩子们坐在宽敞明亮的教室中学习的场景,给我带来的是无比的欣慰和感动。

最使人兴奋和震撼的是墨脱公路终于通车,摘掉了"中国唯一不通公路的县"的帽子,结束了"高原孤岛"的历史。记得当年我们徒步进入墨脱时翻高山、跨深涧、穿密林、过藤桥、斗蛇虫的艰险,即便是在墨脱境内调查也是困难重重。

这里摘录一段记录我们考察队1986年9月前往雅鲁藏布江对岸的德兴乡调查过藤网桥时的情形:

9月1日,阴雨霏霏。约中午11时45分,我们站在了雅鲁藏布江边,看着眼前这座横空飞架雅鲁藏布江上在轻风中微微晃悠的网状长龙,每个人都被眼前的情景震慑住了。

这就是墨脱境内雅鲁藏布江上最后的藤网桥!它远比调查对象所讲和我们所想象的更危险、更雄奇和更令人触目惊心。

我们对藤桥进行了目测。桥长约200米,高1.5米,宽1米,距江面高度约50米,两端系于雅鲁藏布江两岸的悬崖绝壁上。据我们了解,每到冬季枯水季节,时逢农闲,人们要对藤网桥进行修整,换掉因长期日晒雨淋而朽折的藤条。而此时我们面前的藤网桥,由于连续下雨藤索严重湿沉下坠,加之还未到整修换索季节,许多藤条已经朽折,桥面布满大大小小的窟窿,有的窟窿有一米多大,许多地方连蹬脚的地方都没有,桥已破烂不堪。藤网桥下的雅鲁藏布江正处洪水季节,浊浪翻滚,如脱缰野马向前狂奔,河中的滚石声和江水拍击岩石的咆哮声震耳欲聋。我们站在岸边,望着破烂不堪的藤网桥和咆哮奔腾的雅鲁藏布江,大家神色严峻,内心进行着激烈的思想斗争。

我踏上了摇摇晃晃的藤网桥,开始了有生以来最为刻骨铭心的艰险历程。真难真险啊!如果说过老虎嘴时还有坚实的大地踩在脚下,人还感到踏实,那么,过藤网桥时却是身体悬在空中,全凭两只手攀护着钢索(昔日的上下几根主干藤索已换成了钢索),身不由己。雨水已把藤索完全泡透了,湿沉下坠很厉害,使我有时难够到钢索,两手只能紧紧抓住两侧粗大一些的藤索;有时抓住了钢索又踩不到结实的藤条。江水就在我的脚底下咆哮狂奔。洛桑老人叮咛我们不要看脚下的雅江,而我不得不看脚下的藤索。许多藤篾已经朽折,窟窿很多,万一没有踩到主干藤索上后果可想而知。而看脚下的藤索,通过大大小小的窟窿雅江无比真切地在我眼皮底下奔涌,斗大的漩涡使人眩目。此时雅鲁藏布江正值汛期和暴雨洪水肆虐,其狂暴、其粗野无论用什么词语形容都不过分,它比我第一次在背崩所见的大峡谷中的雅江还要凶险得多。我自幼长在长江边,不到7岁就躲过家人偷偷同小伙伴们在江中嬉戏搏击,见过长江大洪水时的暴虐,自以为见识过风浪。但是,眼前雅鲁藏布江的暴烈与狂傲不羁是长江无法相比的,其气势、其吼声、其流速堪称世界之最。若不幸掉入江中,瞬间就会消失在激流漩涡中,哪有生还之机。可以说,每前进一步,都是生与死的抗争……

待我最后一人从藤网桥上下来时,大家都拥上来,几双手紧紧地握在一起,眼里含着泪水,互相祝贺,却又哽咽无语。

今天,就在当年我们过江处的藤网桥遗址不远处,一座名为德兴大桥的可以通行汽车的钢构水泥大桥巍然矗立横跨大江。墨脱境内河流上的几乎所有藤桥、木桥已经被钢索吊桥和钢构水泥大桥所替代。墨脱,今天人们已不陌生。随着交通条件的改善,作为雅鲁藏布大峡谷核心区域的墨脱已成为人们关注的焦点和旅游探险的胜地。

本书稿是我和张媛合作完成的,但凝聚着几代民族学工作者的努力和心血。我们参考了《门巴族社会历史调查》《门巴族简史》等资料,在此谨向作者以及资料的调查和编纂者表示衷心感谢。先后参与调研活动的有曹晓燕、周云水、布琼、李旺旺、向华娟、杨忠宁、陈鹏辉、李锦萍等人。调研过程中,我们得到了西藏自治区民族宗教事务委员会、山南地区民族宗教事务局、林芝地区民族宗教事务局以及墨脱、察隅、米林、隆子、错那等县委、县政府的关心和支持,得到了许多同志和朋友的帮助,门巴族群众对我们的调研始终给予了大力支持与无私帮助,特此铭记并致以衷心感谢。

　　希望这本小书能对广大读者了解门巴族的历史文化和当代发展现状有所帮助，同时也借此纪念那些曾为我们提供过宝贵资料已经辞世的门巴族老人。

陈立明谨记

2015年2月3日